“互联网+”时代高校教育管理研究

窦　毅◎著

中国戏剧出版社
CHINA THEATRE PRESS

图书在版编目（CIP）数据

“互联网+”时代高校教育管理研究 / 窦毅著.
北京 : 中国戏剧出版社, 2024. 8. -- ISBN 978-7-104
-05515-0

Ⅰ. G640

中国国家版本馆CIP数据核字第2024EA5471号

“互联网+”时代高校教育管理研究

责任编辑：赵宇欣
责任印制：冯志强

出版发行：中国戏剧出版社
出 版 人：樊国宾
社　　址：北京市西城区天宁寺前街2号国家音乐产业基地L座
邮　　编：100055
网　　址：www.theatrebook.cn
电　　话：010-63385980（总编室） 010-63381560（发行部）
传　　真：010-63381560

读者服务：010-63381560
邮购地址：北京市西城区天宁寺前街2号国家音乐产业基地L座

印　　刷：北京九州迅驰传媒文化有限公司
开　　本：787mm×1092mm 1/16
印　　张：14.75
字　　数：200千字
版　　次：2024年8月 北京第1版第1次印刷
书　　号：ISBN 978-7-104-05515-0
定　　价：90.00元

前　言

“互联网 +”作为新时代的产物，深刻影响着社会的发展，尤其是对高等教育领域的影响日益显著。传统的高校教育管理模式正面临着前所未有的挑战与重构机遇。“互联网 +”时代为高校教育管理提供了新的技术支持和服务平台，还为教育管理及实践方式带来了创新的理念和方法。它不仅是技术层面的革新、深层次的理念变革，更关乎高校教育管理系统的优化和具体实践，还是“互联网 +”技术的实际应用与高校教育管理模式的全新融合。针对这一背景，本书旨在深入分析“互联网 +”时代下高校教育管理的新模式、新挑战与新机遇，并探讨有效的发展策略，为“互联网 +”时代提升高校教育管理的质量和效益提供多角度的视野与思路，力求对高校教育管理领域的改革与发展提供理论支持与实证参考。

目　录

第一章

“互联网 +”时代高校教育管理现状分析

“互联网 +”这一概念最早可溯源至 2012 年 11 月，易观国际董事长兼首席执行官于扬在易观举办的第五届移动互联网博览会上对此概念首次做出了阐释。2015 年，在第十二届全国人民代表大会第三次会议上，李克强总理以“互联网 +”为主题提出了一系列计划，这是“互联网 +”概念首次被纳入国家战略范畴①。

互联网是一种现代化新兴技术，其具体应用有人工智能、数字信息技术、云计算等，目前已广泛应用于各行各业，对人们生活和社会发展产生了深刻影响；在互联网普及的浪潮中，传统行业纷纷踏上“信息技术 + 互联网”的道路——这就是所谓的“互联网 +”，通过搭建贯通各方的网络系统，加强信息共享，创新业务内容和运营形式，提高事务运行效率。

受互联网的影响，高等教育领域也发生了翻天覆地的变化，为教学和学生的日常生活带来了更为便捷的条件。然而，由于互联网技术行进的脚步过快，高校没有建立起与“互联网 +”发展需要相适应和匹配的一系列措施，导致高校教育管理暴露出很多问题，具体反映在思维理念、管理机制、技术应用、高效的管理方法等各个方面。

步入新时代，高等教育管理应本着求真创新的原则，继续肩负为社会主

① 2015 年 3 月 5 日在第十二届全国人民代表大会第三次会议上的《政府工作报告》。

义事业培育有志之士的使命，重点应放在互联网技术的建设与应用上，全方位掌握和分析高校教育管理的真实状况，对于提升高校教育管理的整体质量具有至关重要的作用。

第一节 基本概述

一、“互联网 +”的内涵

在国家战略层面正式提出制订“互联网 +”行动计划后，“互联网 +”被写入《政府工作报告》。从此之后，“互联网 +”一直是全社会持续关注的热点话题，成为引领各行各业发展的风向标。

国内专家学者从多个角度出发，全面解读了“互联网 +”的内涵。有学者站在传播学的立场上，提出“互联网 +”是以数字信息技术、人工智能、大数据等新技术为代表性产物的一场新时代信息化革命。阿里研究院提出：“互联网 +”是基于互联网飞速发展诞生的新技术应用于各行各业的社会发展形态。有学者站在经济学立场上进行研究，认为“互联网 +”代表着基于互联网发展起来的一系列技术与传统行业、新兴行业紧密融合的产业经营模式，象征着高新技术引领产业升级变革的过程，实现了数字信息技术与各行业的跨界对接，从而创新产业经营内容和方式，开辟出史无前例的经济发展空间。

“互联网 +”即象征着以互联网为代表的技术与各行业紧密相融的过程，

依托互联网技术，传统行业将会开启自我革命，打造出高效、开放、共享、互通的产业生态系统。其中，“+”意味着各行各业都要借助互联网技术辅助自身建设和发展，在保持原有特色的基础上加入高新技术元素，以更好地适应时代发展趋势，迎接全新的发展机遇。

二、“互联网 +”的特征

（一）共享性

“互联网 +”具有共享性，意味着用户可以在互联网平台上共同分享、相互传递信息化资源，还能够享受免费的信息接收服务。以“互联网 +”为基础构建的教育体系能够覆盖高校的方方面面，包括师生、教育资源、教学方法、科研活动等。师生借助“互联网 +”技术，可实时、高效地得到各种资源，极大满足了他们在日常生活和教育管理方面的需求。随着“互联网 + 教育”模式的出现，传统的、保守的信息供给局面被打破，高校拥有了更加智能化、数字化、多元化的服务手段。

在“互联网 +”时代，高校教育管理可以借助丰富的资源来优化其管理策略，提高管理质效，更新全体教职人员的教育理念，使教育管理更加畅通和高效。信息资源的共享为高校教育管理提供了优质的外部操作环境，优化了教育管理的整体流程，有助于推动高校教育管理模式创新，加速其现代化进程。

（二）开放性

互联网本质上是一个连接和开放的平台，它打破了时间和空间的束缚，使得知识的传播和学习的交流不再局限于传统的教室。在高校的教育管理中，首先体现开放性的是课程资源的共享。借助网络平台，学生能够在任何时间、任何地点访问全球各地的优质教育资源，这不仅极大地丰富了学生的学习内容，还增强了他们学习的灵活性，满足了他们的个性化需求。

另外，开放性也代表了在教学观念和方法上的革新。教师可以采用网络工具来实施翻转课堂和在线讨论等新型教学模式。“互联网 +”的开放性特征实现了高校教育管理的跨领域合作，加速推进“线上 + 线下”两种教育管理模式的整合，有利于提高教育管理的质量，为学生营造自由的学习氛围。

（三）协同性

“互联网 +”在高等教育管理领域的运用，加强了教师与学生、学生与学生之间的密切合作。利用在线平台，教师能够方便地分配团队的作业任务，密切关注进度，并给予及时的反馈意见。学生们也有机会通过网络平台进行小组讨论、资料共享和相互学习，这种合作式的学习方式不仅增强了团队合作的能力，而且深化了他们对知识的理解和掌握。此外，协同性还体现在校际合作上，不同高校可以通过网络平台共享教育资源，进行学术研究，这种跨界合作极大地推动了学术发展和社会进步。

（四）架构重建性

架构重建性是“互联网 +”时代的一个重要特征。随着互联网与传统行业的融合，各个领域都面临着对传统框架进行全面重塑的挑战。这种重塑不只是对当前结构的简单调整，更是一场对组织模式、思维方式和工作流程的全面革新。

在教育领域，“互联网 +”正深刻影响着高校教育管理结构。传统的管理方式通常是由上至下的单向、线性模式[①]，而“互联网 +”则呈现去中心化、网络化、多元化的新架构形式。这种变革意味着高校管理者、教师和学生都

① 董璐：《传播学核心理论与概念》（第二版），北京大学出版社 2016 年版。

需要适应新的管理模式和工作方式。他们需要不断吸收“互联网 +”的理念和技术，将其融入教育管理的各个环节。

因此，高校各个层级都需要重新审视自身的组织结构和运作方式，以适应“互联网 +”时代的要求。这意味着从战略规划到具体实践，都需要进行全方位的重建和调整。只有这样，高校才能更好地适应日益复杂和多变的教育环境，为学生提供更高质量和更个性化的教育服务。

三、“互联网 +”的时代效应

（一）国家综合实力的体现

“互联网 +”深刻影响着国家的经济、政治、文化、军事、生态文明、科技等各个领域，它促进了跨区域、跨国界和跨领域的合作，推动了产业的智能化、信息化和数字化转型，为经济发展注入了全新的源头活水。与此同时，在“互联网 +”时代，互联网经济也成为国家综合实力、国际影响力的重要体现。

（二）催生新的产业生态

“互联网 +”时代，社会得到了飞速发展，催生了新的产业生态，推动了“互联网 + 服务”“互联网 + 教育”“互联网 + 贸易”等多个行业快速崛起和发展，为社会组织和服务模式带来了前所未有的变革。当前，在“互联网 +”的影响下，大数据、人工智能、云计算等技术层出不穷，创新了公共服务模式。

（三）推动人类文明进步

“互联网 +”时代，人们的思维方式和物质生活都发生了重大改变，生活方式也日益多样化。互联网技术为广大民众创造了更灵活多元的创业渠道，营造了浓厚的创新氛围，这不仅激发了人们对创新和探索的热情，还提高了他们的实践能力，进一步推动"智慧"这一元素在社会中的广泛传播，从而推动人类文明进步。

（四）扩展高校教育资源

"互联网+"时代影响着高校未来的走向，亦是实现全方位育人的新风向标。"互联网+"时代让高校教育管理打破封闭的局面，朝着更开放包容的方向前进。通过互联网平台，高校教育资源得以扩展，具备了信息化思维，打造了丰富的"互联网+"阵营，形成了一种全新的教育管理实施方式。

四、"互联网+"时代高校教育管理解读

（一）"互联网+"时代高校教育管理的内涵

在"互联网+"时代，高校教育管理的内涵正在经历深刻的变革和升级，这种变革不仅体现在管理体系的调整和创新上，还涉及管理思维、方法和技术的持续更新和应用。更具体地说，高校教育管理在"互联网+"时代的内涵包括以下几个方面。

1. 高校教育管理范围的扩展

高校教育管理的内涵已经扩展到了更广阔的范围。传统的高校教育管理主要集中在学生的学习、生活和行为管理上，而在"互联网+"时代，高校教育管理的范围已经扩展到包括教学、科研、人才培养、学科建设等各个方面。这表明高校管理者需要脱离传统的管理模式，全面地关注和把握高校发展的各个方面，以更好地适应和引领时代的发展潮流。

2. 信息化、智能化和数字化

在高校教育管理中，信息化、智能化和数字化的重要性得到强调。在“互联网 +”时代，信息技术已经成为推动高校教育管理变革的重要驱动力。利用互联网、大数据、人工智能等先进技术，高校能够实现信息的快速传递、数据的精准分析和智能化的决策，从而提升教育管理的效率和质量。

举例来说，学校有能力通过大数据技术分析学生的学习状况，通过智能化教学系统为学生提供个性化的学习方案，借助互联网和智能手机，学校的管理者可以随时随地了解师生的需求与意见反馈，确保管理者的迅速反应和精准调控。

3. 注重创新与协同

高校教育管理的内涵注重创新和协同。在“互联网 +”时代，创新已经成为推动高校教育管理发展的核心动力。高校需要积极探索和应用新技术、新模式，不断改进和完善管理体系和机制，以推动教育管理向更高层次转型。同时，高校之间、师生之间、学校与社会之间的协同合作也变得日益重要。通过建立教育资源共享平台、跨校联合培养模式等方式，高校能够最大限度地利用各方资源，实现优势互补、合作共赢，共同推动教育事业发展。

总体而言，“互联网 +”时代高校教育管理的内涵不仅包括管理范围的扩展、技术手段的更新，更重要的是强调了创新、协同和服务。高校教育管理者需要紧跟时代的步伐，不断拓展思维和视野，积极探索和实践新的管理理念和方法，以便为高等教育事业的健康持续发展提供强有力的支撑。

（二）“互联网 +”时代高校教育管理的价值

1. 物质价值

在“互联网 +”时代，高校教育管理的物质价值显得尤为重要。通过新兴技术的应用，如大数据、移动互联网、新媒体和人工智能，高校教育管理能够更高效地利用资源，实现成本降低和效率提升。以大数据分析为例，学校能够更精准地掌握学生的学习情况和行为习惯，有针对性地实施个性化教学和管理；移动互联网和新媒体的普及使得学校管理者可以随时随地与师生进行交流和互动，提升了管理工作的时效性和便利性；人工智能技术的应用则有助于学校实现自动化管理目标，减少人力资源的浪费。这些技术的运用使得高校管理工作更加高效、便捷，为教育管理体系提供了坚实的物质基础。

2. 精神价值

在“互联网 +”时代，高校教育管理的精神价值得到了极大的提升。通过优化管理策略和提升服务水平，为师生营造一个更加智能、和谐的教育环境，满足他们精神层面的多样化需求。学校可以通过在线学习平台提供丰富多彩的课程资源，满足学生个性化学习的需求，激发其学习的兴趣和动力；借助互联网技术，学校能够促进师生之间的交流与互动，打破了传统管理模式下的信息壁垒，增强了师生之间的凝聚力和归属感。这些举措不仅提升了教育管理的质量和效率，也有助于学校营造一个积极向上、充满活力的校园文化，从而满足师生精神生活的需求，促进其全面发展。

3. 人性价值

在“互联网 +”时代，高校教育管理更加注重对个性化需求和个人意识的尊重。学校通过智能化教学管理系统，为学生提供个性化的学习计划和指导，帮助他们充分发挥自己的潜能；同时，借助互联网平台，学校可以建立起多元化、开放式的教育环境，为师生提供更多元化的学习资源和交流机会，激发其创新能力和创造力。这种以人为本的管理理念，有助于提升师生的参与度和归属感，体现了高校教育管理的人性化特征。

（三）“互联网 +”时代高校教育管理的理论依据

1. 马克思主义基本原理相关理论

“互联网 +”时代下的高校教育管理体现了马克思主义基本原理相关理论[①]，是辩证唯物主义哲学的生动实践。唯物主义哲学认为，社会存在决定社会意识，社会意识是社会存在的反映，并反作用于社会存在，这一观点为正确认识高校教育管理提供参考。在“互联网 +”时代，高校教育管理秉承了这一观点，积极响应客观物质世界发展变化的需要和趋势，通过利用互联网技术，探索科学的管理措施，重塑教育的意识形态，追求管理思维创新。

而且，辩证法为“互联网 +”时代的高校教育管理提供科学的方法论指导。辩证法中的对立统一观点主张在分析事物时要一分为二地思考，客观、理性地把握事物的本质特征。在“互联网 +”的影响下，高校教育管理的方式将会革新，并形成以网络虚拟世界与现实教育两大阵营为架构的二元关系，双方互为补充，相辅相成。因此，应在遵循“互联网 +”发展规律的基础上，正确看待高校教育管理，充分汲取其有利要素，服务于高校教育管理的创新发展。

2. 系统学相关理论

“互联网 +”时代的高校教育管理是系统学相关理论的延伸和拓展，体现了系统学思想应用于教育的现实。20 世纪 40 年代美籍奥地利生物学家贝塔朗菲正式提出了“系统学”理论，他认为，系统内部各构成要素之间的关

① 卡尔·马克思、弗里德里希·恩格斯：《德意志意识形态》，上海辞书出版社 2023 年版。

系，以及它们与环境的相互作用，能够产生独特的结构和功能。[①] 这一说法与高校教育管理异曲同工，也引导高校教育管理的系统化建设，形成以教育实体、教育目标、教育环境、教育资源等部分架构的体系。

“互联网 +”时代下的高校教育管理更能够体现系统论的实质性内涵，促进“互联网 +”与教育管理融合。教育管理能够通过跨界、跨领域融合，形成一套完整的管理体系，优化管理结构，完善管理功能，更新管理手段，成功创建了一个具有协同管理优势的教育管理社会系统，促进高校教育管理取得长远进步。

3. 人本管理理论

“互联网 +”时代的高校教育管理也以人本管理理论为依据。这一理论源自 20 世纪 20 年代末 30 年代初的人际关系学说，代表人物有麦格雷戈、莫尔斯、马斯洛等，他们都不约而同地论述了管理活动应体现崇高的人性[②]。高校教育管理的最终目的是提高教育质量，将一切有利的教育成果惠及学生，故应当坚持学生中心论，尊重学生的个性化需求和差异化特征。

同时，将管理与教育相结合，通过说服和引导的方式调动学生参加各项活动的积极性，实现自主管理。这一理论与“互联网 +”时代的理念相契合，释放个体的创新潜能，尊重人性特点，实现教育管理和人文主义关怀有机融合，以此彰显学生的主体性地位，为高校教育管理的创新发展提供指导。

4. 期望理论

期望理论是心理学的重要理论之一，最早由维克托·弗鲁姆提出，1964

① 冯·贝塔朗菲：《一般系统论——基础 发展和应用》，清华大学出版社 1987 年版。

② 陈桂香：《大数据对我国地方高校学生教育管理的影响及对策研究》，武汉大学，2017 年。

年，维克托在《工作与激励》中对该理论做出了解释，并提出了理论公式和期望模式两个关键内容，其中理论公式 M=E×V 代表着激励强度，E 代表期望值，V 代表效价。而期望模式则深入探讨了努力与绩效、绩效与组织奖励、组织奖励与个人需求之间的关系。

在西方，期望理论被广泛应用于过程型激励理论[①]中，为激励相关研究提供了重要的理论支持。通过建立基于期望理论的框架，可以检验激励导向并将其应用于实践。考虑到现代大学生的多样性特点，运用过程型激励理论来进行教育管理显得尤为关键。当学生感到疲惫或对学习失去热情时，给予他们及时的认同和激励变得尤为关键。

同时，通过结合奖罚制度来进行教育和管理，可以有助于保持教育管理的公正性。利用理论，尤其是基于期望理论的结构，我们可以更有效地推进教育管理的实施，并进一步促进学生的全方位发展。

---

① 赵君：《新时期我国高校思想政治教育管理队伍建设研究》，华中师范大学，2008 年。

第二节 高校教育管理模式的现状分析

一、样本的确定

2022年10月至2023年12月，笔者选取了鲁迅美术学院、沈阳城市学院和辽宁传媒学院三所高校的在校大学生作为调查样本。以通过互联网发放调研问卷的形式调查“互联网+”时代的高校教育管理现状，待问卷填写完之后利用SPSS软件对其数据进行整理、分析和深入探究。

二、问卷的设计

（一）问卷设计原则

一是导向性原则，主动发现高校学生教育管理方式暴露出的短板；二是逻辑性原则，问卷中的问题要相互联系，紧扣“互联网+”高校教育管理主题，避免出现“割裂”“突兀”的情况；三是科学性原则，问题的设置要有明确的指向性，直击要害，易于统计和分析；四是高效性原则，通过问卷星、微信小程序等途径向学生发布，节约时间成本，提高作答效率。

（二）问卷内容

一是调查对象的基本情况。二是使用“互联网 +”的情况。三是高校应用“互联网 +”的实际情况。四是高校教育管理存在的短板。五是“互联网 +”模式在高校教育管理中的发展前景。本次的问卷调查设计包括了 23 个具体问题（详见附录）。

（三）问卷的调查方法

1. 调查方式

本次调查采取线上问卷法，在辅导员、计算机专业教师的协力配合下，被调查者能够通过移动设备、笔记本等设备顺利填写和按时提交问卷，以便笔者在各终端收集和整理数据。

2. 问卷处理

为确保调查结果的准确性，最大限度地减少误差，向 3 所高校分别发放了数量均等的问卷，共计发放 2500 份问卷，成功收回 2330 份问卷，回收率达到 93.2%，有效率也与之相当，具有极高的参考价值和研究价值。

三、调查的结果与分析

（一）调查对象分析

通过对问卷的收集和整理，调查小组初步了解了高校学生对“互联网 +”的认知情况，并从多个角度做出了研究和分析。

本次调查主要针对沈阳 3 所高校进行，问卷的第一部分主要为调研对象的基础资料，涵盖了性别、所在学校、所在年级以及所学专业等多个方面。

在这之中，男女生的比例分别为 47.68% 和 52.32%，性别比相对平衡，分别为 1111 人和 1219 人；调查对象来自 3 所院校，其中，36.74% 来自鲁迅美术学院，共 856 人；31.46% 来自沈阳城市学院，共 733 人；31.80% 来自辽宁传媒学院，共 741 人。

调查对象涉及各年段，其中 17.6% 是大一年级的学生，总人数为 410 人；28.63% 是大二年级的学生，总人数为 667 人；大三年级的学生占比为 23.73%，总人数达到 553 人；大四年级的学生占 14.38%，总人数为 335 人；正在攻读硕士学位的学生占 15.67%，总人数为 365 人。

此次调查覆盖了多个学科领域，其中 19.61% 的学生主修文学、法律、管理学、经济学等专业，共计 457 人；27.34% 的学生主修动画、设计、绘画等专业，共计 637 人；20.13% 的学生专攻理工类专业，共计 469 人；11.42% 的学生主攻新闻学、数字传媒、编辑出版等专业，共计 266 人；9.1% 的学生主攻摄影、服饰类专业，共计 212 人；12.40% 的学生专攻其他门类的专业，共计 289 人。通过多方统计数据，增加调查的客观性和全面性。

（二）互联网的使用情况

通过学生上网的时长、对互联网的依赖度、使用互联网的目的等信息进行整理和分析，笔者能够清晰了解"互联网 +"时代高校学生的日常生活和学习情况。在收集的 2330 份调查问卷中，发现以下情况。

1. 学生上网时间

有关每日上网时间，有 502 名学生表示每天上网时间为 1 ~ 2 小时，1138 名学生表示每天上网时间在 2 ~ 5 小时，有 586 名学生表示每天上网时间在 5 ~ 8 小时，有 104 名学生每天的上网时间超过 8 小时。通过掌握和分析这些数据，笔者发现学生的上网时间存在显著差异。一些学生对互联网依赖程度较高，而另一些学生对互联网的依赖程度相对较低，个别的甚至很少使用互联网。这反映了学生个体之间在网络使用方面存在着不同的需求。

2. 学生上网目的

在网络使用的目的方面，生活娱乐、学习工作和日常沟通是主要的三大方面。大部分学生利用网络进行生活娱乐，包括观看视频、玩游戏、浏览社交媒体等活动。同时，超过一半的学生利用网络进行学习和工作，这表明互联网已成为他们获取信息和完成学业的重要工具。另外，超过一半的学生也通过网络与朋友和家人保持日常沟通，这反映了互联网在促进人际关系和社交活动方面的重要作用。

互联网在高校学生的日常生活中扮演着多重角色，既是信息获取和学习的平台，也是社交和娱乐的渠道。了解学生在互联网上的行为和需求，有助于高校更好地设计和实施教育管理策略，以适应现代学生的需求和生活方式。

（三）“互联网 +”在高校教育管理中的运用情况分析

高校教育管理正处于不断调整和变化之中，随时代发展而日新月异。通过深入分析调查结果，发现 3 所高校都在积极落实变更教育管理方式、探索新的管理途径，但在这个过程中，一些挑战和“瓶颈”相继出现。

1. 教育方式偏好

在关于“您接受以下哪种高校的教育方式”的调查中，数据显示了学生对教育方式的偏好。有 56.38% 的学生表示支持传统课堂与网络平台互动相结合的教学方式，而 48.47% 的学生更愿意选择师生网络平台互动教学的方式。这表明高校教育管理模式正朝着多元化方向发展，不应受限于传统的课堂授课模式，而要更加注重建立在网络交流基础之上的互动性教学，这种方式更灵活，能为学生提供与众不同的学习体验，满足学生多样化的学习需求。

2. 教育资源获取途径

针对关于“您更倾向于选择以下哪种途径来获取相关信息和学习资源”的问题，调查结果显示了学生收集信息、获取学习资源的主要渠道。有56.36% 的学生表示一般通过微信公众号、官网、微博、各社交平台获取信息，20.88% 的学生表示主要通过参加线下讲座和培训会议等教育活动，而20.23% 的学生表示主要通过传统课堂和校园宣传栏获取信息。汇总这些信息可以看出，学生更倾向于通过互联网渠道获取信息和学习资源，这也反映了“互联网 +”深受大学生青睐、在学生群体中十分盛行的现实情况。

3.“互联网 +”应用偏好

在关于“您是否赞成学校通过互联网来加强大学生的教育管理呢”的调查中，有 88.5% 的学生予以明确的赞成，积极响应高校教育管理互联网化的趋势，他们普遍认为“互联网 +”能够让教育管理的实施便捷化、新颖化、智能化，对提升教育质量产生积极作用。

综合分析统计调查数据，本研究发现，高校教育管理的方式对学生的成长起到了决定性的作用。高等教育机构应当最大限度地利用由互联网技术支撑的各种平台和媒体等教育工具，结合传统教育理念，创新教育管理工作模式，以提升影响力，更好地服务于学生的学习和成长。

（四）关于高校教育管理中存在的问题的调查

调查结果揭示了当前高校教育管理存在的一些问题。

1. 高校教育教学能力不足

教学方法仍然以传统的理论讲授法为主导，加上教材和教学内容支离破碎，呈分散状态，吸引力不足，难以激发学生的激情，学生自然很难保持学习状态。例如，在针对“关于目前的学校教育课程，您的观点是什么”的调查中，有 75% 的大学生表示，“互联网 +”模式下的高校教育管理仍然受到传统教育模式的限制，而 50% 的学生认为在线课程的质量需要进一步提高，大约 33% 的学生觉得当前的课程内容不够吸引人，大约 25% 的学生觉得课程内容缺乏系统性，这突出了教育管理团队的专业能力不足、亟待提升。

2. “互联网 +”背景下的挑战

在“互联网 +”背景下，高校教育管理工作也面临一些挑战。约有 75% 的学生普遍认为，当前的互联网平台在管理和监督方面存在明显的不足。60% 的学生认为教育管理团队的整体素质需要进一步提升。而 33% 的学生则担忧自己可能会受到不良思想传播的负面影响，致使自己沉迷其中，影响正常判断和耽误主业。这就需要通过各方的共同努力来解决，以推动地方高校学生教育管理向更高水平发展。

高校在利用互联网技术进行教育管理时，需要各方面力量的共同参与和支持。学校作为核心主体，只有与家庭、学生、社会等多方协同合作，才能推动地方高校学生教育管理的进一步发展。

（五）“互联网 +”高校教育管理模式的发展前景

本次调查问卷研究结果显示，绝大多数大学生（约 90.76%）认为高校积极顺应“互联网 +”时代，实施与之发展相匹配和适应的教育管理工作是十分必要的。他们认为将“互联网 +”与教育管理相融合会无限拓展获得信息和学习资源的渠道，增加教育形式的灵活性，促进师生建立更亲密平等的关系，加强师生的交流与互动。这些优势受到超过 83% 的学生认可，从侧面说明了“互联网 +”时代对高校教育管理的重要影响。

关于“在‘互联网 +’高校的学生教育管理模式中，您获得的最大益处是什么”，调查结果显示，约 52.47% 的大学生认为“互联网 +”与教育管理的融合能够让他们更快捷地获得所需要的知识，这表明学生更注重对源源不断地接收学习资源的需求。同时，38.46% 的学生认为“互联网 +”和教育管理的融合能够引导他们主动学习，激发学习和探索知识的欲望，以及激发他们的好奇心，养成良好的学习习惯，这表明学生自主学习意识的增强。另外，22.74% 的学生认为“互联网 +”和教育管理的融合为他们创造了丰富的互动方式，打破区域边界、身份边界，实现知识交换、信息共享、经验分享，开阔眼界，拓展人脉，表明大学生向往和享受交互式的学习过程。这些结果都强调了“互联网 +”和高校教育管理融合的模式在提高学生学习效率、增强学生学习积极性、优化学生学习体验方面的积极作用，为未来的教育发展指明了前进方向。

第三节 当前高校教育管理存在的问题

一、教育管理理念相对保守

（一）管理理念滞后

高校学生教育管理仍然停留在传统的认知层面，尚未跟上时代的步伐，这反映出一种理性主义和科学主义的乐观态度①，但也揭示了管理理念的滞后。在这种传统观念下，学生的地位相对较弱，学校长期以来一直采用行政化的管理模式，导致学生教育更注重统一化的管理，而忽略了学生个性发展的重要性。这种偏向行政化管理的模式使得学生在教育管理中更像被管理对象，而非教育的主体，从而影响了管理工作的效果和学生的发展。

（二）管理不够民主

在现有的管理实践中，高校教育管理工作者更加倾向于管理而非服务，

① 张天文：《新时期我国高校思想政治教育管理队伍建设研究体会》，《现代经济信息》2018年第20期。

更喜欢经验管理而非民主管理。他们通常依赖制度来约束学生，而不是将学生视作主体。这种做法导致管理者过于关注问题的表面现象，而忽视了背后的根本原因。此外，面对烦琐的管理任务，管理者往往采用直接的命令式管理，缺乏民主决策的实践。这种管理方式的局限性在于，它难以激发学生的自主性和创造性，也难以推动高校的长远发展。尽管这些做法可能满足了高校的短期利益和需求，但却没有为学生的长远发展创造良好条件。

（三）重处理、轻预防

高校教育管理工作者仍然沿用传统的教育观念，更倾向于事后处理而非提前预测和预防。他们往往以监管的态度对待学生，认为学生需要被纠正。这种传统思维的影响导致了高校教育管理工作偏离本质。管理者往往只是简单地告知学生应该做什么，而缺乏对其背后原因的解释和引导，无法真正引导学生形成正确的价值观和行为习惯。这种做法可能会导致学生产生抵触情绪[①]，降低他们的积极性和参与度，进而影响教育管理工作的效果。因此，现代高校教育管理需要更加注重服务性管理，提倡民主决策，重视学生个性发展，以及采用预防性的管理方法，从而更好地适应时代的要求，促进学生的全面发展。

二、教育管理方法较为匮乏

目前，高校学生的教育管理工作依然沿用行政命令的模式。在管理方式方面，存在着以下三个主要问题。

① 柏禹：《我国高校思想政治教育管理问题研究》，辽宁师范大学，2011 年。

（一）习惯使用“训导”法

当前，高校的教育管理工作依然习惯使用传统的“训导”方法，这种方式已经成为管理工作的惯例。在这种模式下，教育管理人员主要通过告知学生应该做什么和不应该做什么来进行管理，但这种方式存在着一些明显的问题。

首先，它往往只是简单地告知学生行为规范，而缺乏对规范背后原因的解释和引导。沈阳某高校的教育管理人员在处理学生迟到问题时，只是简单地告诉学生“不应该迟到”，而没有解释迟到对学习和班级秩序的影响，也没有引导学生如何改善自己的行为习惯。这样的方式无法真正引导学生形成正确的价值观和行为习惯，而只是简单地强调了规则的执行。

其次，过于依赖“训导”容易导致学生产生抵触情绪。在这种单向的指导下，学生可能感到受到了限制和控制，从而对教育管理工作产生反感和抵触心理。他们可能会觉得自己被“管束”而失去了自由，进而降低了对教育管理工作的积极性和参与度。如学生在被频繁告知违反校规的行为后，可能会对学校的管理方式产生不满和抵触，甚至对学校的规章制度失去尊重和信任。因此，当前高校教育管理工作需要转变“训导”模式，采用更加灵活和综合的管理方式，以更好地适应当代学生的需求和发展。

（二）习惯使用“堵截”法

目前，高校学生教育管理工作普遍采用机械式的“堵截”方法，这种方式导致了一系列问题。

首先，过度依赖“堵截”法意味着管理者更多地关注问题发生后的应对，而忽视了问题的预防和解决。学生在校园内发生打架事件后，学校管理人员立即采取了严厉的处罚措施，但并未对事件的背后原因进行深入分析和解决，导致问题反复发生。

其次，频繁使用"堵截"方式可能会导致学生对管理者的抵触情绪增加。在这种强制性的管理模式下，学生可能会感到被限制和控制，从而产生不满和抵触心理，影响管理工作的有效性。学生因违反校规被严厉处罚后，可能会对学校管理者产生不良印象，失去对管理工作的信任和尊重。此外，过于依赖"堵截"方式也意味着管理工作的成本增加。因为这种方法需要大量的人力、物力和财力来进行事后的补救工作和严厉处罚，增加了学校的管理开支。

频繁发生违反纪律的事件，管理人员不得不投入大量资源来处理问题，造成了资源的浪费和管理成本的增加。综上所述，高校教育管理工作需要摆脱"堵截"式的管理方式，转向更加灵活和综合的管理方式，以更好地促进学生全面发展和健康成长。

（三）习惯使用"灌输"法

目前，地方高校学生教育管理工作大多仍然采用传统的"灌输"方法。这种方法下，教育管理人员主要通过说教的方式向学生灌输各种社会规范和标准。然而，柯尔伯格曾指出，灌输并不是教授道德的方法，也不是道德教学的方法。

首先，过度依赖灌输方法会限制学生的个性发展。在这种管理模式下，教育管理人员往往将社会规范和标准单向灌输给学生，忽视了学生个性化、多样化的发展需求。学生在青春期更需要的是发掘自我、探索世界的机会，而不是被机械地灌输知识和价值观。长期以来，这种单向的灌输方式可能使学生缺乏独立思考和创新能力，导致个性发展受到限制。

其次，过度依赖"灌输"方法可能影响学生的创新能力。在当今社会，创新已经成为驱动社会进步的重要力量，而灌输式教育往往强调的是知识的传递和吸收，而不是学生的创造性思维和解决问题的能力。如果学生习惯于被动接受知识，而不是主动探索和思考，他们的创新能力可能无法得到充分的发展。这将影响学生未来面对多元化和快速变化的社会挑战时的应对能力。

最后，过度依赖“灌输”方法可能导致教育管理工作脱离实际需求。随着社会的发展和变化，教育的目标和任务也在不断调整和更新。如果教育管理工作者仍然囿于传统的“灌输”方式，过于简单地将知识和价值观“灌输”给学生，而忽视了社会对学生综合素质和能力的需求，那么教育管理工作就难以满足社会的实际需求，产生的教育效果也会大打折扣。

因此，高校学生教育管理工作过度依赖传统的“灌输”方法存在着严重问题。这种管理方式不仅限制了学生的个性发展和创新能力，而且导致教育管理工作脱离实际需求。因此，高校教育管理工作者需要及时反思和调整管理方式，转向更加灵活和开放的教育方法，以更好地促进学生的全面发展和未来发展。

三、教育管理机制不够健全

目前，高校对学生教育管理工作的指导尚不明确，这导致教育管理机制尚未健全。① 随着“互联网 +”时代的兴起及其相关产物的影响不断扩大，时代对高校教育管理提出了新的挑战，但现有的管理机制却尚未能有效适应和应对。这种不完善的管理机制直接削弱了高等教育管理的效能和品质，导致其难以适应现代社会的发展要求。

在这个充斥着大量信息的时代，“互联网 +”的技术及其相关产品已经

① 陈玉真：《基于新课标的数学课堂教学改革探析》，《成才之路》2024 年第 4 期。

深刻改变了学生的学习和生活方式。然而，随之而来的是网络世界中海量的信息和各种各样的观点，其中既有积极正面的内容，也不乏消极负面的信息。学生在网络上获取信息的同时，也受到了来自不同文化、思想和价值观的影响，这给高校教育管理带来了新的挑战和压力。

尤其值得注意的是，一些网站存在着大量消极甚至不正当的言论，大学生思想不够成熟、缺乏社会经历，很容易受到影响。这反映了当前网络监管机制的不足，监管部门缺乏专业人才来有效管理舆论和信息，监管体系的规范性和完善性有待提升。同时，网络信息的监管缺乏高效的技术手段和全面的政策支持，使得网络空间的负面信息滋生、蔓延，对学生的健康成长构成了潜在威胁。

因此，现阶段的高校教育管理机制亟须完善和加强。这不仅需要相关部门加大监管力度，建立更为严密的监管体系，还需要引入先进的技术手段，提高对网络信息的筛选和过滤能力。同时，高校内部也应加强对学生的教育引导，培养学生正确的网络素养和信息辨识能力，使他们能够在复杂多变的网络环境中保持清醒的头脑，健康成长。

四、教育管理网络平台建设不够健全

在当下“互联网 +”技术蓬勃发展的时代背景下，高校的教育管理者亟须紧跟时代潮流，充分认识和掌握网络领域的主导权和话语权。早在 2004 年，中共中央、国务院就曾明确倡导在网络上开拓教育管理的新领域，呼吁构建多功能、思想性、知识性和趣味性并重的主题教育网站或网页①，将网络作为开展教育管理工作的主要渠道。

① 杨银付：《“互联网 + 教育”带来的教育变迁与政策响应》，《教育研究》2016 年第 6 期。

此后，各高校纷纷开发或者引入各类线上教育平台，互联网技术在高校教育中的应用越来越广。然而，尽管“互联网 +”技术的影响力日益增强，部分地方高校仍未充分利用其优势，或者建立了线上平台却未能有效推动教育管理工作，导致教育管理网络平台建设滞后的现象普遍存在。

一个成功的在线平台应当拥有多种功能，能够满足教师和学生之间的各种沟通需求，并能进行实时的互动，对信息进行开发性处理。然而，目前高校教师与学生之间的沟通方式相对单一，更多地依赖于单向信息传递和分享式的互动学习。这种局面导致了师生之间的互动不够频繁，学生的需求无法及时传达和反馈，给高校学生工作的开展带来了一定的消极影响。

具体来说，教育管理网络平台建设滞后主要表现在以下三个方面。

第一，高校与外部环境未有效衔接。高校教育管理网络平台建设未能有效融入外部环境的因素，导致学校与家庭、社会等外部环境之间缺乏有效的衔接和协同合作。首先，在家校互动方面，部分高校教育管理网络平台未能建立有效的沟通机制，家长对学生教育的参与度较低，导致教育过程中学校和家庭之间信息交流不畅，家长无法及时了解学生的学习情况和校园生活，从而无法有效地配合学校的教育工作。其次，高校教育管理网络平台未能充分整合外部组织机构、企业等社会资源，这些资源在学生教育管理中具有重要作用，但由于未能有效整合，导致了教育资源的分散和浪费，影响了教育管理的效率和质量。最后，部分高校教育管理网络平台未能及时反馈社会需求，教育内容和形式与社会发展需求脱节，造成了教育与社会实际需求之间的不匹配，影响了学生的实际学习效果和社会适应能力。

第二，未充分运用教育管理网络平台。部分高校教育管理网络平台的建设和应用存在着未充分运用的问题。首先，平台功能单一，仅限于信息发布和简单的学生管理，未能满足师生多样化的需求和互动交流。这导致了教育管理工作的单一化和僵化，限制了师生之间的有效沟通和互动，影响了教学和管理效果。其次，部分高校教育管理网络平台未能充分应用现有的网络技术，如人工智能、大数据等，无法实现个性化教育管理和数据分析。由于缺乏先进技术的支持，教育管理无法根据学生个体特点和学习情况进行精准化管理，导致了教学效果和管理效率的下降。

第三，部分高校教育管理网络平台缺乏有效的互动性和及时的反馈机制，师生之间的交流和反馈受到限制。这使得教学过程中无法及时了解学生的学习情况和反馈意见，难以根据实际情况及时调整教学策略和管理措施，影响了教学质量和管理效果。①

五、网络平台教育效果不显著

部分高校教育管理网络平台的建设存在教育效果不明显的问题，具体表现在以下三个方面。

一是部分高校教育管理网络平台缺乏公信力和权威性，这导致学生对平台的信任度不高。如某高校的教育管理平台上发布了一则关于校园活动的通知，但后来发现通知内容有误，导致学生对平台发布的信息产生怀疑，进而降低了他们对平台的信任度，影响了平台的使用率和教育效果。

二是部分高校教育管理网络平台未能有效管理学生行为和学习状态。举例来说，某高校的教育管理平台提供了学生课程表和考试安排等信息，但由于平台缺乏有效的监管措施，学生经常在平台上发布与学习无关的内容，如闲聊、传播谣言等，影响了其他学生的学习积极性，导致学习氛围不佳，管理效果不尽如人意。

---

① 石耀清：《高校数学教学模式创新与实践研究》，《2023年教学方法创新与实践科研学术探究论文集》（四），2023年2月15日。

三是部分高校教育管理网络平台未能实现个性化教育管理，教育内容和方式缺乏针对性和差异化。如某高校的网络平台提供了大量的学习资源，但由于资源整合不够完善，学生很难根据自身的学习需求找到适合自己的内容，导致学生对平台的使用感到困惑和不满，影响了他们的学习效果和学习动力。

因此，高校教育管理网络平台建设滞后的问题影响了教育管理工作的正常开展和学生的全面发展，需要加强对这些问题的认识和解决，推动教育管理网络平台建设走上更加健康、高效的轨道。

六、教育管理队伍的专业化能力有待提升

教育管理队伍的专业化能力有待提升，这是一个涉及高校学生教育管理者素质和能力的重要问题，直接关系到教育管理工作的效果和质量。在地方高校中尤为突出，存在着一系列问题需要解决。

（一）服务意识不足

政治辅导员作为学生教育管理的主要负责人之一，其专业化能力和服务意识的不足是当前教育管理队伍面临的主要挑战之一。这些辅导员往往缺乏系统的专业培训，导致他们在教育管理工作中无法充分发挥作用。他们主要的工作模式是传递信息，缺乏对学生个体差异的深入了解，导致教育工作缺乏针对性和灵活性，无法有效地促进学生的成长和发展。

（二）信息获取能力不足

教育管理者在面对“互联网 +”时代的挑战时，往往缺乏足够的信息获取能力和应对能力。在信息爆炸的背景下，学生接触到的观念和信息变得十分多元化，而教育管理者往往难以及时获取有效信息，无法引导学生正确的

认知和行为。这种信息获取能力的不足，使得教育管理者无法跟上时代的步伐，影响了他们的工作效率和质量。

（三）沟通引导能力不足

教育管理者在面对多元化社会环境的影响时，也存在一定的困难。随着社会经济的发展和西方价值观的传播，学生所处的社会环境变得更加多元化和开放化，这给教育管理者带来了新的挑战。他们需要在尊重学生多元化思想的同时，引导学生树立正确的价值观和行为准则，这需要教育管理者具备更强的沟通和引导能力，以应对复杂多变的社会环境。

因此，教育管理队伍的专业化能力不足已经成为地方高校教育管理中的一大障碍。只有通过加强队伍建设，提升教育管理者的专业水平和能力，才能更好地适应当前社会发展的需求，推动教育工作取得更好的成效。

七、“互联网 +”优质教育资源较为短缺

（一）教育资源重复性高

在当前“互联网 +”时代，尽管教育资源的总量呈现出快速上涨的趋势，但却面临着重复性高这一突出问题。这一现象表明，尽管我们可以轻松获取大量的教育资料，但其中大部分内容却缺乏创新性和独特性，使得整体资源质量难以得到有效提升。在互联网上虽然能够找到大量的教学课件、视频教程和学习资料等教育资源，但是这些资源的重复程度极高，缺乏针对性和差异化，难以满足学生个性化学习的需求。

由于缺乏有效的共享政策机制，不同地区的教育资源未能得到充分整合和共享，造成了资源的浪费和不公平的现象。一些地区拥有丰富的教育资源，而另一些地区却面临资源匮乏的困境，这种不平衡状态严重阻碍了教育资源

的有效利用和共享。

（二）制作动力机制不足

优质教育资源的制作动力机制存在不足。尽管我们希望能够提供更多高质量的教育资源，但现实却是，由于制作动力不足，大部分资源的质量和创新性都无法达到预期水平。教育资源的制作需要投入大量的人力、物力和财力，然而，由于缺乏有效的激励机制和奖励机制，许多教育从业者缺乏积极性和创造力，导致教育资源的质量和数量无法得到有效提升。

此外，缺乏有效的创新教育资源供给机制，也是造成教育资源匮乏和重复的重要原因之一。教育机构和教育从业者应当积极探索创新教育资源的制作方式和供给模式，引导教育资源向更高质量和更多样化的方向发展。

（三）重硬件、轻软件

“互联网 +”教育资源的投入往往过于偏重硬件建设，而忽视了软件方面的发展。尽管在采购、利用和维护过程中投入了大量资金，但由于对软件资源的有效利用不足，这些资源往往无法充分服务于高校教育管理实践工作。许多高校都会投入大量资金购买先进的教学设备和教学平台，但由于缺乏有效的教育内容和教学方法，这些设备和平台往往无法发挥应有的作用，造成了资源的浪费和闲置。因此，教育管理者需要更加注重软件资源的开发和利用，建设具有针对性和实用性的教育内容，以更好地服务于教育实践工作和学生学习需求。

解决“互联网 +”时代教育资源重复性高、制作动力机制不足、重硬件轻软件的问题，需要全社会的共同努力。高校只有通过加强资源整合来提升教育资源的质量和效益，才能更好地满足教育发展的需求，推动我国教育事业的发展向着更高水平迈进。

第四节 当前高校教育管理问题产生的原因

对于高校教育管理模式的现状，特别是在“互联网 +”时代的背景下，可以发现一些明显的问题。目前，高校教育管理以管理为轴心，将服务置于辅助性地位，这种局面受多种因素影响。其中，学生个人因素、学校教育的短板、社会大环境是干扰教育管理提升的“三座大山”，需要认真审视和思考。

一、学生个人因素

（一）独立自主意识、权利意识强，自控能力不足

这些学生在大学阶段展现出的独立自主意识和权利意识的强化，源于他们在成长过程中所接受的教育和社会环境的影响。他们习惯于自己思考问题，并愿意就自己的权益进行维护，这种特点是积极的一面，表明了他们的个性和自信。然而，尽管他们意识到自己的权利，却缺乏足够的自我控制能力。这可能是因为他们缺乏对自我约束的意识培养，或者是由于缺乏相应的自律训练，导致他们在面对诱惑和挑战时难以做出理性的抉择。在“互联

网 +"时代，他们更容易受到网络信息的干扰，进一步削弱了他们的自我控制能力，表现为自制力不足的现象。

（二）以自我为中心、认知情绪化，鉴别能力不足

这些学生在学习上虽然表现出较高的成绩和努力，但他们更多地集中在自身感受和需求上，忽视了对外界信息的准确判断。他们往往容易受到个人情感和情绪的左右，面对信息时缺乏客观分析和辨别的能力。这可能与他们成长背景有关，部分学生是独生子女，缺乏与兄弟姐妹相处的经验，导致他们更加注重自我感受，而忽视了外界的影响[①]。在"互联网 +"时代，这种情况更为突出，因为他们在网络中接触到的信息更加丰富和多样化，缺乏准确鉴别的能力，容易受到误导和诱惑。

（三）网络虚拟依赖、价值多元化，社交能力不足[②]

大学生正处于关键的成长与发展时期，而"互联网 +"时代给予他们更多的选择和便利，使得他们更倾向于在虚拟世界中寻求满足和交流。在虚拟世界中，他们可以展现自己的个性和想象力，获得与现实生活不同的体验和认知。然而，这也导致了他们对网络的过度依赖，缺乏在现实社会中进行有效沟通和交往的能力。尤其是在面对网络中多元化的价值观时，他们往往感到困惑和迷茫，难以确定自己的立场和价值取向，进而影响到他们与他人的交往能力的发展。

---

① 秦虹、张武升：《"互联网 + 教育"的本质特点与发展趋向》，《教育研究》2016 年第 6 期。

② 林雨、袁莉：《"互联网 +"背景下地方本科院校学生教育管理新模式的构建》，《衡阳师范学院学报》2020 年第 2 期。

二、学校教育原因

当前，一部分高校仍然坚持传统的命令式管理理念，这种理念下开展的学生教育管理工作存在诸多问题，直接影响着教育质量和学生成长。

（一）缺乏人文关怀

传统理念下的教育管理工作缺乏人文关怀和服务性。在这种模式下，管理工作往往更注重指令的执行和任务的完成，而忽视了对学生个体特点和需求的关注。管理者往往只关注工作的完成情况，忽略了学生的情感需求和心理状态，导致学生的心理健康得不到有效的关注和支持。

（二）缺乏统筹管理思维

传统理念下的教育管理工作存在较低的完整性和管理思想能力。由于过度强调任务的执行，管理者往往缺乏对教育管理工作的整体把控和规划，导致工作模式显现出较低的完整性和系统性。缺乏对教育管理工作的深入思考和创新，管理者在面对问题时往往采取惯性思维，难以做出有效的决策和制定应对措施。

（三）管理工作目标形式化

传统理念下教育管理工作的目标设立存在形式化的问题。在这种理念下，教育管理工作往往更注重任务的完成而忽略了工作的质量和效果。工作目标往往是泛泛而谈，缺乏具体可衡量的标准和指标，导致工作计划的内容较为笼统，难以评估工作的实际效果和长期影响。

此外，传统高校学生教育管理工作的管理机制呈单边直线式且不完整。

管理工作主要依据校党委、团委以及行政学工等部门的单向管理推进，缺乏多方面的参与和协调，导致管理机制运行不够流畅和高效。

（四）过于依赖制度约束

传统的约束模式在约束学生行为规范时存在局限性。管理者主要依赖于一系列规章制度的强行约束，而缺乏对学生自身的道德自律约束的培养和引导。随着互联网的发展，学生接触到更多的虚拟信息和社交平台，规章制度的约束力受到了挑战，容易导致学生对行为规范的松懈和道德失范现象。因此，传统的命令式管理理念在当前高校教育管理中存在明显问题，亟待改革和创新。必须加强对管理者的培训和引导，提升其人文关怀和服务意识；建立更加灵活和有针对性的管理机制，促进多方参与和协同合作；探索新的约束模式，以适应“互联网 +”时代的挑战和变革。

三、社会大环境原因

社会经济的发展和互联网技术的普及正在深刻地改变着地方高校学生的教育环境和思想观念。这种变化不仅来自经济结构的转型，也源自信息技术的迅猛发展，两者相互作用，共同影响着学生的行为模式和价值取向。

（一）多元价值观的挑战

随着经济的发展，社会结构不断变化，市场经济的多元化所有制和利益对象使得大学生在消费过程中形成了更加多样化的价值观。以往，社会主义核心价值观在校园中有着较强的影响力，但现在随着市场经济的深入发展，个体的价值观和行为方式也日益多元化。例如，一些学生可能更加注重金钱和物质的追求，而另一些则更加关注精神和情感层面的满足。这种多元化的价值观带来了教育管理的挑战，学校需要更加灵活地应对不同学生的需求，确保教育目标的达成。

（二）西方价值观的挑战

西方价值观的传播也对学生的思想观念产生了深远的影响。随着全球化进程的推进，西方文化和价值观在我国的传播日益广泛，尤其是通过互联网和新媒体的渠道，这些价值观往往与传统的中国价值观存在一定的冲突。例如，个人主义、消费主义等西方价值观的传播可能会对学生的自我认知和社会责任感产生影响①，使他们更加注重个体利益而忽视社会责任。因此，地方高校需要审慎对待外来文化的影响，引导学生树立正确的世界观和价值观。

（三）不良信息误导

网络媒体和新媒体的普及也对学生的思想观念产生了深远的影响。随着互联网的普及，学生们可以通过各种平台获取大量信息，但这也带来了信息的泛滥和质量参差不齐的问题。在网络空间中，虚假信息和低俗内容充斥着学生的视野，对学生的认知和行为模式产生了负面影响。例如，一些不良信息可能会误导学生，使他们产生错误的认知和行为，甚至影响到他们的学业和生活。因此，地方高校需要加强网络教育管理，引导学生正确使用网络资源，提高信息素养，增强辨别是非的能力。

随着“互联网 +”时代的快速演变，高校教育管理发生深刻变化。作为教育者，应准确把握“互联网 +”带来的变革，将其纳入整个教育管理体系中，以实现管理质量的创新和提升。在这一过程中，应审时度势，灵活应对，充分发挥“互联网 +”的优势，促进高校教育管理朝着高科技、现代化的方向

① 张岩：《“互联网 + 教育”理念及模式探析》，《中国高教研究》2016 年第 2 期。

发展。同时，高校应明确“互联网 +”背景下高校教育管理在教育管理理念、方法、机制、网络平台建设、管理队伍的专业化能力、优质教育资源几个方面存在的显著问题，从学生、学校、社会三个层面剖析问题产生的原因，在充分利用“互联网 +”时代的优势基础上，基于高校教育管理的现状，构建适应时代发展需要的高校教育管理长效机制，为学生提供更加丰富多彩、便捷高效的教育管理服务。

第二章

“互联网 +”时代高校教育管理的机遇与挑战

随着互联网技术的不断发展和普及，“互联网 +”时代已经深刻影响着各行各业，也为高校教育管理带来了更多的便利和可能性。高校可以实现信息化管理，提高工作效率和管理质量；可以与其他高校、企业和科研机构建立合作关系，以实现教育资源的共享和优势的互补。但同时它也给高校教育管理带来了一系列挑战。高校教育管理需要适应“互联网 +”时代的发展趋势，不断更新其管理思维，探索与“互联网 +”相匹配的管理模式，强化信息技术的建设和管理的创新，从而提高管理水平和服务质量，确保高校教育管理持续完善。

第一节　高等教育管理的发展进程

一、初步探索阶段

（一）整合与重构

随着我国经济改革的持续推进和社会发展速度的加快，高校作为人才培养的重要场所，已经在教育管理方面进行了初步的尝试和探索。在这一阶段，面对经济体制的快速变革和社会需求的快速变化，高校开始进行整合与重构，调整其教育结构并合理地分配教育资源，是为了主动适应国家经济和社会发展的各种需求，从而提高教育质量和管理效率。战略的整合和重塑涉及多个层面，包括专业设置的优化、院系结构的调整以及学校之间的合作等。高校致力于通过合理调整学科和专业结构，持续优化专业配置，加强优势专业的建设，减少或取消不符合经济和社会发展需求的专业，从而大力推动应用型和技术型专业的发展。

在资源整合的过程中，高校加强了与地方政府、企业和社会各界的合作，共同制定了与实际需求相符的课程和培训方案。目标是通过学校与企业之间的紧密合作和产学研的深度融合，提升学生在实践和创新方面的能力，为社会培养更多具备多种技能和能力的复合型人才。在强化学校内部教师队伍的建设过程中，积极地引入外部专家资源，实施联合培训，从而丰富教育资源和教学方法。此外，高校也在强化其内部管理结构，在信息不平衡和资源有限的情况下，有效地分配有限的教育资源，在内部各个院系和专业之间找到平衡，构建了一套相对科学的决策流程和内部管理架构，强调了管理体系的合理性和决策过程的民主性。随着 1952 年全国各地高校院系的调整、1985 年的教育体制改革以及 1992 年的邓小平南方谈话等具有历史意义的政策的实施，高等教育的管理体制从计划经济模式逐步转变为市场经济模式，充分展示了高校在应对国家战略调整过程中的积极变革和自我发展能力。

这一阶段不仅见证了中国高等教育体制的转型，同时也为高等教育未来更广阔的发展奠定了坚实的基础。随着社会主义市场经济体制不断深化，对高校提出了更高层次的自主性、国际化、市场化和信息化等要求。随后，高校开始在管理层面进行更为全面和深入的改革，着手构建一个更加灵活和高效的教育管理体系，目的是为社会培育出能够满足新时代需求的高素质人才，这也为“互联网 +”时代高校教育管理面临的机遇和挑战提供了丰厚的历史土壤和经验积累。①

（二）恢复与重建

自改革开放政策实施以来，高等教育已经成为国家发展战略的重要一环，特别是在教育管理方面，重大政策的出台与实施，标志着对高校教育管理体系的全面改革。20 世纪末期，随着我国经济体制的转型与社会需求的多样化，高等教育面临着多重挑战与发展的机遇。改革开放以来，新一轮高等教育方针政策的出台，为高等教育管理层提供了全新的研究空间，这标志着

① 谭正:《高校教育教学管理的观念变革和实践创新》,《科教文汇》(中旬刊)2018 年第 35 期。

从计划经济向市场经济体制转轨初步探索阶段已经拉开了序幕。高等教育管理的恢复与重建，不仅对高校内部组织结构、人才培养模式、科研体系进行了重新定位与优化，也为改进管理流程、提高管理效率和加强高校的自主决策能力创造了良好的条件基础。①

在这个转型阶段，高校教育管理政策呈现解放思想、实事求是的特点，尤其是对内涵式发展和教育公平问题的重视逐渐加强。随着时间的推移，逐渐从传统的服务保障、质量监督和激励导向转向了“放管服”改革的核心理念。政府对高校管理职能的定位开始向服务保障、质量监控与激励引导转变，进而在 20 世纪 90 年代提出了推动“放管服”改革，有利于提高制度适应性效率②，这对高校教育管理来说，意味着要给予更多的权力、更严格的管理和更好的服务，并注重激发高校的活力与创新能力，调动教育主体参与教育管理的积极性③。通过重新构建政府与高校之间的关系，激发教育管理的协调性和功能性，这也凸显出管理从控制向服务转变的新趋势。这一时期，高校的办学自主权得到了前所未有的强化，政府政策也鼓励高校根据自身实际，开发多元化的管理模式和运行机制，以适应市场经济发展的需求。

高等教育在恢复与重建的过程中，我们经常可以看到一些新兴的管理策略和手段，比如校企合作模式、多渠道融资机制的建立以及更加市场化的教育服务提供方式，这些都突出了高校在社会经济发展中的重要作用。同时，高校积极推进与社会产业的结合，通过建立数据分析平台，来深化对现代企业所面临的机遇与难题的理解，这进一步加强了高校教育与社会需求之间的联系，体现了教育管理在社会发展中的服务功能。④ 政策实施的成效显而易

① 金晶：《高校管理能力建设的挑战与应对》，《大学》2021 年第 34 期。

② “适应性效率”是诺斯在他理论研究的后期，在探究长期经济增长的绩效时，为了反映与时间进程中的经济变化相适应的制度变迁效率所提出的重要概念。

③ 王宇：《大学教育管理模式在新形势下的创新》，《科幻画报》2019 年第 9 期。

④ 王猛：《大数据环境下高校教育管理信息化的创新与发展》，《就业与保障》2020 年第 23 期。

见，它显著地提高了高校管理的灵活性与响应能力，推动了多个重点学科和专业建设的迅速发展，强化了人才培养的质量与创新能力。然而，管理政策的新方法同样带来了一系列挑战，包括如何处理好管理职责与权力的合理分配、决策机制的科学化、监督体系的完善等问题。这些问题的解决，不仅需要高校内部管理的不断创新和提升，同时需要整个社会对高等教育的关注和支持。

从宏观角度看，高等教育管理经历了从初步探索到不断深化的改革过程，展现出多元化、开放化与现代化的趋势。高校教育管理不再是简单的规章制度的执行，而是转变为一个能激发组织内部活力并引导高质量发展的综合性管控体系。这为步入“互联网 +”时代的高校教育管理提供了基础和参考，也为此后面临的更多挑战提供了新的思考维度，对即将进入信息化管理时代的高校如何打造高效、公正、智能的教育管理系统，提出了新的要求与期待。

二、快速推进阶段

（一）制度确立

随着我国高等教育大众化进程的不断推进，在过去数十年里，我国高等教育管理已经逐步形成了一套相对成熟的制度体系。在“互联网 +”时代背景下，这一制度体系在顶层设计中获得了新的发展空间，特别是在分类发展政策的推动下，高等教育管理体系进一步优化，为不同类型高校提供了制度性指导与空间支持。

制度的确立标志着我国高等教育在体制机制上进入了更加成熟与多元化的新时期。为了适应经济社会发展对高等教育多样化的需求，国家通过一系列法律法规与政策引导，鼓励高校在各自的办学定位上深化发展，从而形成了研究型、应用型和职业技术等类型多样化的高等教育格局。通过对《高等教育法》[①] 等相关法规的修订与完善，明确了分类指导、差异管理的原则，为各类型高校提供了坚实的法律保障和政策支持。

在建立制度的实施过程中，顶层设计起到了至关重要的作用。高等教育管理的顶层设计上不仅关注教育资源的合理配置和教育效率的提升，同时也高度重视教育的公平性与创新能力的培养。为此，国家相继出台了以“211”工程、“985”工程为代表的高等教育质量提升计划，并通过《关于深化高等教育体制机制改革的意见》等文件，对高等教育体制机制改革做出了顶层规划。

在高等教育快速推进阶段，重点攻克了多个治理难题，包括如何有效激发高校内部管理活力，如何构建合理的内外治理结构，如何保障教育质量与提升教育服务效能等。实践表明，完备的制度体系和高效的运行机制，对于推动高等教育的持续健康发展至关重要。此外，高校管理能力建设同样成为发展的焦点，对这些管理能力进行全面和系统的构建，是完善内部治理和提高内部管理效能的必要路径。

在“互联网 +”的大背景下，顶层设计需要融入新技术、新理念和新模式。管理信息化正在被重新审视和推进，成为高校教育管理创新的重要方向。高校学生管理信息化系统正在逐步建立与完善，该系统旨在通过系统化的上层设计，结合综合性、系统性和整合性原则，以满足学生特定需求为导向，实现各种事务流程的信息化。而高校管理能力建设在信息化趋势下也面临新的挑战与机遇，需要从完善内部治理体系、建立内部治理结构、改变教育教学管理的观念和创新实践等方面进行全面的构思与实施。

---

① 《中华人民共和国高等教育法》（1998 年 8 月 29 日第九届全国人民代表大会常务委员会第四次会议通过　根据 2015 年 12 月 27 日第十二届全国人民代表大会常务委员会第十八次会议《关于修改〈中华人民共和国高等教育法〉的决定》修正）。

在高等教育快速推进阶段，分类发展制度的确立为高校提供了塑造自身特色与优势的机遇与空间，而在顶层设计中，更需综合考量互联网技术发展趋势给高等教育管理带来的深刻影响，这对于管理理论与实践均提出了更新更高的要求。在未来，高等教育管理必须更好地适应时代的变化，在确保教育质量的基础上，不断探索与实践创新理念下的管理模式，以实现高等教育的可持续发展。

（二）“211”工程和“985”工程

“211”工程与“985”工程的实施无疑已经变成了推动国内重点大学发展的关键因素，对于优化教育资源的分配、提高教育和教学的质量，以及提高高等教育机构的整体办学水平，都起到了决定性的作用。“211”工程和“985”工程的推行，标志着中国高等教育向着世界一流大学与高水平研究型大学的目标迈进，不仅为我国高等教育的跨越式发展奠定了坚实的基础，也为“互联网 +”时代的教育管理创新和挑战提供了新的起点。

“211”工程与“985”工程的执行，在本质上反映了高等教育的优先发展策略。这批高等院校经过重点建设，已经形成了一批拥有强大科研实力、优质教育资源和先进教学方法的高水平大学。这些大学在人才培养和科学研究等多个方面都取得了显著成效，为国家的产业升级和经济社会发展提供了支撑。以“211”工程和“985”工程为代表的重点大学建设，成功地将教育资源从粗放式管理转向了精细化和数字化的方向，显著提高了大学教育的质量与效率，同时，国家对高水平大学实施的一系列工程计划也表明了政府对教育战略的高度重视和支持。

值得注意的是，“211”工程和“985”工程并不单纯着眼于硬件建设，更多的是注重于软件投入和管理模式的完善。这些工程通过引入国际合作模式，成功地推动了校院两级管理体制的改革，促进了国内外优质教育资源的深度融合。① 在持续推动重点大学建设的过程中，相关政策越来越强调高校在保持数量增长的同时，如何保证和提升教育的内涵和质量，如何实现结构的优化和特色发展，如何增强服务社会和创新发展的能力。

然而，在“互联网 +”时代背景下，高校教育管理所面临的环境和条件正在发生巨大的变化。网络信息技术的迅猛发展为教育管理带来了新的机遇，也提出了新的挑战。数字化资源建设成为高等教育快速发展的关键，这要求大学不仅要加快传统课程内容的数字化转型，更要积极拓展教育信息化的深度和广度，将信息技术深度融入教育教学的全过程。

“互联网 +”时代要求高等教育管理在继续推进“211”工程与“985”工程的基础上，进一步增强对新技术、新模式的认知和应用。这其中，“互联网 +”教育的理念已经对大学的教育理念、教学方式、管理策略和服务模式产生了深远的影响。而面对信息化教育资源的分配与优化，教育管理工作者必须具备更高的专业素养和前瞻性视角，以更准确地把握教育与技术发展的趋势，掌握新时代的信息技术，从而提高教育教学的互动性和有效性。

“211”工程和“985”工程在推动我国高水平大学快速发展的同时，也为高校适应“互联网 +”时代带来的教育管理新模式和新技术提供了坚实的硬件与软件基础。只有结合时代背景，不断创新管理理念和实践路径，才能确保在“互联网 +”时代，高校教育管理能够持续保持活力、高效和创新能力，以适应不断变化的教育需求和挑战。

（三）法律法规的完善

21 世纪初，随着全球化与信息化的深入发展，中国高等教育步入了加速

① 王欢：《教育信息化促进高校创新型人才培养研究》，《内蒙古师范大学学报》（教育科学版）2017 年第 11 期。

推进的新阶段。在政策驱动与体制创新的背景下，大力推进高等教育的发展，以满足社会经济结构的优化升级和国家竞争力的全面提高。在这个阶段，法律规范的完善和教育管理制度的创新，成为推动高等教育持续健康发展的关键因素。

在法律的规范性方面，一个标志性的进展是分类管理制度法规的逐步健全。分类管理即按照高校的办学定位和发展目标，采取不同的管理模式和发展政策，以实现不同类型高校之间的优势互补和特色发展。这种管理方式的确立对于激发高校内在的发展动力，优化其教育结构，实现差异化、特色化发展具有重要的意义。伴随着信息技术的快速发展，特别是互联网技术的爆炸式增长，高校教育管理面临着信息化转型的巨大挑战与机遇。

分类管理制度在互联网加持下呈现全新的发展格局。大数据分析工具和决策支持系统在接入互联网之后，已经变成了高校分类管理的强有力的辅助工具，从而提高了政策制定的针对性和实施的准确性。[①] 不同类型高校通过网络平台的资源共享和交流合作，不仅提升了自身的教育教学水平，还促进了优质教育资源的有效流动和整合。[②]

信息化法规在管理高校方面发挥着日益重要的作用。比如，网络教学环境下的学术诚信制度、学生个人信息保护规则等，这些法规的完善对于规范互联网时代高校教育管理具有指导性意义。以学生管理信息系统为例，它能够对学生的行为进行监督和评估，不仅可以有效防范和处理违纪行为，还可以激励学生遵守校规，帮助其养成良好的行为习惯。

在高等教育的分类管理中，法规的健全不仅关乎对不同类别高校管理方

---

① 顾育：《“互联网 +”视阈下高校学生管理工作的创新探讨》，《湖北开放职业学院学报》2019 年第 24 期。

② 方园：《探析“互联网 +”在辽宁省高校教育中的应用及影响》，《渤海大学学报》（哲学社会科学版）2019 年第 5 期。

式的规定，更重要的是对教育过程中的信息技术应用、数据管理等方面的规范和指导。高等教育法规须详尽解决新型管理模式如何与传统管理模式有机结合，以及如何处理由此产生的新问题，如学习分析中的隐私保护、在线考试的有效监督，以及知识产权的网络保护等。

教育法规的作用还体现在对高校内部治理结构的优化上。在信息技术高度渗透的大环境下，高校需要建立与现代治理理念相符的组织架构和运作机制，以提高管理效能和治理水平。这涵盖了但不仅限于介入多元化的管理实体如学生会等组织，赋予它们更多的管理权限和自治能力，同时也确保管理行为的合法性和学生权益的维护。

在高等教育法规不断完善的过程中，面临着如何将信息化技术有效地整合到管理流程中，以及如何维护在数字环境下的教与学的权益等一系列问题。只有健全的法规体系，才能为高校在复杂的社会经济背景和快速发展的信息技术环境下提供明晰的指引，确保教育质量的可持续提升，与时俱进地推动高等教育的深入发展。

三、改革创新阶段

（一）明确方向

随着改革开放的深入推进，高校在教育管理方面也不得不面对前所未有的改革和创新挑战。高校在教育管理的改革创新中，更加注重以学生为中心，转变传统的管理思维，达到实现治理能力的现代化。高等教育管理体系经历了之前的初步探索与快速推进，现在已经进入一个全新的时期，显现出政策导向与法规支撑的明确化趋势。这一变化不仅体现在对高等教育内涵式发展的追求中，更体现在对高校教育管理质量的提升注入了新的活力上。

明确的方向将引导高校教育管理走向综合改革的试点阶段，探索适应

“互联网 +”时代的创新路径。“双一流”大学建设和实施背景强调了通过改革促进发展，通过发展实现稳定的改革。这一进程中，立足于国家发展战略需求，高校特别是重点大学应在服务国家重大战略中发挥更大的作用。这不仅涉及高校教育资源的配置，更涉及教育管理的创新机制，突出高校在知识创新与人才培养上的双重职能。

在新工科、新医科的建设进程中，高校管理者必须深入理解多样化、个性化的学习需求，推动课程体系与教学方法的创新。此时，将知识传递和价值引导相结合，即成为提升教育管理质量的关键。高校应进一步深化改革举措，注重政策的精准落地，借助管理职能的服务转型，促使决策、执行和监督机制的有效分离和协同发展。举措的细化不仅要满足师生的需求，更要确保合理匹配教师与学生对技术和服务的预期，以实现教育事业的持续创新与进步。

在明确的方向指引之下，新时代高校教育管理依赖于现代信息技术手段，构建一个高效合理的课程建设、教学安排和学术评价体系。高校教育管理者通过统筹内外部资源，借助大数据、人工智能等前沿技术，更精准地反映教育实践的需求，促进资源的优化配置与教育质量的全面提升。此外，大学教育管理模式的创新、学术理念的重新构建也同样重要，学校需积极吸纳教育管理人才，持续提高教育管理团队的专业水平与创新能力。

技术的发展和应用为高校教育管理带来了新的发展机遇，其中数字化基础设施的建设为教育信息化开拓了更广阔的可能性。然而，人力资源的素质提升是一个不容忽视的问题。学校应紧扣管理目标压实责任，持续培养富有创造力和创新思维的教育管理人才，通过岗位责任制和明确管理质量效益标准，为教育改革提供坚实的人才基础和智力支持。

从长远来看，高校教育管理机构应站在学术发展与社会需求的交汇点，对教学内容、科研导向、社会服务等方面进行动态优化和协调。面对“互联网+”教育的新发展趋势，高校教育管理既要对内保证教育教学质量、人才培养模式的创新，又要对外加强与各类社会组织、产业界的互动与合作，推动学校资源开放共享，实现社会资源的整合与优化。

人才的培养始终贯穿着高等教育的全过程。面对“互联网+”时代的教育管理，高校必须强化人才培养方案、教学内容和方法的创新，并与产业发展保持同步，以便为社会输送更加适应新时代发展需求的创新型和应用型人才。在深化教育和教学改革的推动下，整合高校内外部资源，实现高等教育的内涵式发展，既是时代发展的需求，也是高校教育管理创新的必由之路。

（二）鼓励试点

“互联网+”时代，高校教育管理的改革创新迎来突破的契机。面对着日新月异的信息技术和不断变革的教育需求，高校管理者需要将改革创新视作常态化的工作内容。而在此过程中，试点项目被认为是教育管理创新的引领者和实验场所。为了积极响应国家对创新驱动发展战略的要求，教育部门通过出台政策、提供资金支持、建立评估体系等一系列有效措施，鼓励高校在教育管理体制、考核评价机制、质量保障机制和信息化建设等多个方面进行试点探索。

在这一改革创新阶段，高校作为试点单位，获得了相对灵活的改革空间以及政策支持，逐步摆脱了传统管理模式的束缚，实现校内管理模式的深度调整和优化。通过在学校内部设计各种评优评先活动的激励机制，可以增强教师在教学创新和科研创新方面的动力。在高校内部，应建立一个以教师和学生为主体的教育管理体系，确立并加强学术委员会和其他决策机构的发言权，赋予基层单位更多的决策权，并激活组织内部的管理活力。

推进教育信息化的步伐是试点工作的关键要素之一。在网络环境中，新兴的教育技术，为高校教育提供了更广阔的发展空间。信息技术的引入不仅改变了教学方式，亦促使教育管理朝着智能化、精细化方向演进。[①]例如，借助大数据和人工智能技术来分析学生学习行为，可以为教育管理者提供精准的决策支持、优化资源配置。除此之外，高校还应建立一个全方位的教育信息系统，实现学生的学籍信息、学业成绩和选修课程等多方面数据的整合、共享和合理利用，在确保教育质量的同时提升教育管理效率。

然而，在试点工作中不可避免地面临诸多挑战。首要问题是对于创新成果的推广应用。当成功的创新模式在全校甚至全国范围内推广应用时，可能会受到校园文化、资源分配和政策环境等多种因素的影响。因此，在试点阶段就需要构建一个可复制和可推广的成功经验框架，并建立一个评估指标体系以对试点的效果进行量化评估，为后续的推广工作提供指导。试点工作的另一难点是如何在坚持底线的前提下，探索管理上的创新方法。试点高校需要在确保教育公平、保障学生合法权益的前提下，探索教育教学创新之路。[②]例如，在学生学业评价、学术评比等领域，应充分考虑到评价的多元性和公正性，保证评价机制既能激励学生的创新精神，又能维护教育公平。

高校教育管理的创新试点势必成为引领教育变革的重要推手。所有高校都应该运用信息化手段，积极探索高效、科学、民主的教育管理新途径，构建一个开放共享、互通互联的高校教育管理新格局。这不仅是高校自身可持续发展的内在要求，更是适应全球教育趋势变革、融入国际教育体系、培养具备国际视野和创新能力的复合型人才的客观需求。因此，抓住“互联网 +”时代所带来的历史性机遇，不断丰富、完善并推广试点创新成果，必能为中国高等教育的转型升级和质量提升贡献任重而道远的力量。

---

① 林雨、袁莉：《“互联网 +”背景下地方本科院校学生教育管理新模式的构建》，《衡阳师范学院学报》2020 年第 2 期。

② 张亚红：《高校教学管理信息化建设推动教育信息化发展的研究》，《现代职业教育》2023 年第 24 期。

（三）“双一流”建设

随着全球信息化的快速发展，高校教育管理进入了改革创新阶段，面临着前所未有的发展机遇和挑战。尤其是“双一流”建设这一国家战略的实施，不仅推动了高等教育的质量提升，也对高校教育管理提出了新的要求和标准。“双一流”建设是指创建世界一流大学和一流学科，旨在通过优化资源配置、推进学科交叉整合以及增强创新能力，引领中国高等教育整体水平的提升。

在此背景下，传统的高校管理模式逐渐暴露出其局限性。当前，高校在管理人员的选拔和培养、岗位职责的划分，以及监管机制的完善等方面均亟待更新和改进。从“双一流”建设的发展过程来看，高效的管理体系和灵活的管理机制已成为提升高校核心竞争力的决定性因素。高校教育管理必须建立一个以结果为导向的绩效评价体系，强调管理质效，明确责任划分，以确保教育教学、科研创新等各项工作的有序推进和有效实施。

在信息技术趋向高度集成化和复杂化的今天，高校教育管理的信息化程度变得尤为关键。要全方位地提升教育管理的信息化程度，首先需深入分析和理解当前互联网与大数据技术带来的新型管理手段和方法。基于此，建立和完善符合当代高校发展需要的教育管理信息体系，不仅能够提高教学质量和管理效率，还能赋予管理工作更高的透明度和公正性。高校教育管理在接纳现代化信息技术的同时，也需要对传统的管理思维和观念进行更新，使得教育管理能够适应“互联网 +”时代的新发展。

在满足“双一流”建设对于教育管理的高标准和严要求下，高校应构建一套科学、合理以及开放的教育管理架构。这包括确定高质量的教育资源分配原则、创新教育管理方法、强化决策科学化和数据驱动能力，同时更需关注教育公平和师生权益保障的问题。例如，现代信息技术的广泛应用，使教育资源的远程开放和交互能力得到了显著增强；大规模在线开放课程（MOOC）充分体现了教育资源共享的理念，对优化教育结构、实现教育资源的均衡可持续发展有着重要的推动作用。

第二节 “互联网 +”对高校教育管理的影响

一、“互联网 +”的形成要素

“互联网 +”时代，重塑了高校教育管理的格局和机制，不仅为教育系统带来了前所未有的挑战，也提供了无限的发展机遇。“互联网 +”的形成要素集中体现在技术创新、教育理念的变革、管理模式的优化以及教学资源的整合四个方面，它们相互作用，共同构成了一种全新的高校教育管理模式。

（一）技术创新

技术创新是“互联网 +”要素的核心，涵盖了云计算、大数据、物联网、人工智能等一系列尖端科技。云计算的广泛应用，为高校提供了弹性可扩展的计算资源和数据存储能力，使教学管理的信息系统能够高效运转，同时保障数据的安全性和稳定性。大数据分析为高校教育管理提供了决策支持，它能处理和分析庞大的教育数据集，为学生的学业发展、教学质量监控和教育资源配置提供科学依据。物联网技术的运用则令校园物质资源的监管变得智能化，从而提升了设施利用效率及管理质量。人工智能在个性化学习、自适应教学等方面的应用，彰显了教育理念的深度革新，实现了对学生学习进程的智能指导和反馈。

（二）教育理念的变革

教育理念的变革体现在以学生为中心，倡导终身学习的新型教育观。适应新时代的高校教育管理必须转变传统授课式教学方法，鼓励学生自主学习、探索性学习和协作学习。在这一教育理念的引领下，教师角色由知识传授者转变为学习引导者和辅助者，而互联网为实现这一教学模式提供了强大的技术支撑和资源保障。学习管理系统（Learning Management System，LMS）的引入正是教育理念与技术创新深度结合的产物，该系统不仅强化了教学管理流程，还为学生的个人成长建立了电子化档案，进而实现了针对学生的个性化教育服务。①

（三）管理模式的优化

在“互联网 +”时代，实现了教育管理的高效与精细化。基于大数据技术，高校能够通过学习分析来实现对学生学习行为的精准把握，并为教学过程提供即时的反馈。另外，在线管理系统的应用，使得高校的行政管理工作从烦琐的纸质操作转移到了电子平台，大幅提升了工作效率，简化了管理流程。依托于网络办公系统，学校内部和外部部门、教师与学生之间的交流变得更为便捷，学校服务效率得到显著提升，同时也规范了教育管理流程。

（四）教学资源的整合

侧重于优质教育资源的共享和高效利用。“互联网 +”技术使得教育资

① 员艳苓：《大学教育管理模式的创新探析》，《课程教育研究》2015 年第 28 期。

源打破地域和时间的限制，优秀的课程得以在线共享，学生有机会接触和使用来自全球的优质教育资源，实现了自主学习和终身学习。这不仅提升了教育资源的使用效率，也实现了知识的民主化与平等化。同时，“互联网 +”也促进了高校间的课程互认和学分转换，打破了高等教育内部的壁垒，推动了高等教育的协同发展。

二、“互联网 +”时代的特点

随着互联网技术在教育管理领域的广泛应用，传统的高校教育管理模式正在经历一场深刻的变革。“互联网 +”时代的兴起为高校教育管理注入了新的活力，对教育资源的采集、处理、分配和应用等多个领域产生了深远的影响。

（一）信息技术的飞速进步

信息技术的发展，特别是大数据、人工智能（Artificial Intelligence, AI）和物联网（Internet of Things, IoT）等技术的蓬勃兴起。这些前沿技术的应用大幅提升了数据处理的能力和效率，使得教育管理过程中的信息化水平显著提升。高校可以运用大数据分析技术对学生行为进行精准分析和预测，以推动基于数据驱动的决策制定过程。同时，人工智能技术的应用也为个性化地指导学习过程提供了可能性，通过学习分析（Learning Analytics）来支持个性化教学和管理。

（二）数字资源的开放共享

在线课程、电子图书、学术论文等资源的数字化构建了一座庞大的知识库，为学生和教师提供了前所未有的学习和研究便利。这些数字资源的广泛使用，不仅打破了教育在不同地域和社会阶层的限制，拓宽了教育的覆盖范围，还有助于营造一个内容丰富、互动性强的学习环境，使得高校教育管理更为公平和高效。

“互联网+”时代对高校教育管理提出了新的技能和思维要求。教育管理者需要具备足够的互联网理解能力和操作技能，能够熟练运用各类在线管理工具，如云计算服务、网络教学平台、在线考务系统等，实现管理工作的数字化和智能化。管理者的数字能力对其工作的效率和质量有着显著的影响，因此对他们进行持续培训使其能力提升变得尤为关键。

（三）课程内容和教学方法的创新

传统的课堂教学模式在数字技术的推动下，正在向翻转课堂、混合式教学等多元化方向发展。翻转课堂模式是通过互联网平台实现的，它对教学内容进行了线上化处理，允许学生在课后进行自主学习，而在课堂上则更多地进行交流和讨论，这极大地提高了学生的参与度和课堂效率。在大数据分析和人工智能等先进技术的助力下，个性化学习逐步形成，学生可以依托相应的智能系统来选择他们的学习路径和进度。

借助高度的技术整合和创新，互联网技术将持续引领高校教育管理走向更为高效、公平和个性化的新时代。高校教育管理需与时俱进，摒弃传统束缚，积极探索多元化管理模式，加强管理者自身在互联网环境下的职业素养，以适应这一不断变化的新时代。

第三节　“互联网 +”时代高校教育管理迎来的机遇

一、实现了高校教育管理资源的共享

随着互联网技术的迅猛发展，高校教育管理迎来了前所未有的机遇，不仅突破了传统高校教育管理时间和空间的束缚，信息技术的快速进步对数字教育资源的共享和传播产生了革命性影响，还为高校之间以及高校与社会之间的互动创造了全新的交流平台，促进了教育的均衡发展。

（一）打破教育时空限制

高校教育管理在“互联网 +”的加持下，实现了前所未有的飞跃，信息技术的高度发展在数字化教育资源的共享与传播上起到了革命性的作用。以往，高校教育资源的获取往往受空间和时间的限制，而现在互联网使得优质的课程资源能够得到最大限度的共享，实现全球范围内的资源共享和知识传播。随着数字化课程资源与 MOOC（Massive Open Online Courses, MOOC）等在线学习平台的出现，为学习者带来了更加丰富和多元的学习选择，这使

得学习者能在任何时间、任何地点访问并使用这些资源，同时也激发了学习者之间更为灵活、开放的互动方式。

（二）教育管理领域信息化

信息化技术在教育管理领域的应用已经从最初的简单数据处理扩展到对教学质量和效率的全面改进。高等教育运用大数据分析，优化资源配置，通过识别学习模式、预测学习成果和制定个性化教学计划，成功提升了教育教学的针对性和有效性。①此外，借助机器学习算法和人工智能技术，高校能够实施更智能化、更精准化的教学管理，如学生行为分析、学业成绩预测等。而教育管理信息化不仅提升了学习和教学的效率，也增进了学校、教师和学生三方在教学活动中的沟通和互动。高校教育管理者可以利用在线评教平台、学习管理系统（LMS）等工具，即时获取反馈信息，对教育教学工作进行实时监控和评价，从而及时发现问题并做出调整，优化教学过程。此外，通过搭建网络课程和人才培养模型的共享平台，可以促进校际合作与交流，形成更为广阔的学术网络和创新生态。

（三）促进教育均衡发展

许多高校着手构建大规模和多元化的高质量教育资源库，并通过校园网、专业论坛、学术社群等平台进行广泛的共享和传播。这些措施不仅促进了教育资源共享的广度与深度，也为教育的均衡发展提供了有力支撑。得益于“互联网 +”驱动下的资源共享，决策者可以基于更丰富、更真实的数据分析结果，制定出更加科学合理的教育管理策略。高效便捷的资源共享不仅减轻了师生的学习压力，也为管理层提供了有力的决策支持，从而加速

① 李津：《“互联网 +”驱动下的高校远程教育模式研究》，《中国成人教育》2018 年第 21 期。

了教育管理现代化的步伐。未来，随着互联网和人工智能技术的进一步发展，可以预见高校教育资源共享将拥有更加广阔的应用前景和更加深刻的教育管理变革。

二、加快了高校教育管理方式的变革

“互联网 +”已经成为高校教育管理革新的推动力量，它打破了传统教育管理的架构限制，为教育管理带来了全新的视角与实践路径。高校已经能够实时收集和分析庞大的教育数据，以便为决策者提供更准确、全面的决策依据。[①] 现在的高校管理者，不仅需要掌握传统的管理技能，更需要熟练运用信息技术，深刻理解数据背后的教育现象，成为一名真正意义上的“大数据时代的高端管理者”。

（一）管理层革新

教育管理信息化已非简单的技术应用问题，而是一种深层次的管理革新。这种革新不仅仅是制度层面上的调整，更是教育管理理念和模式的根本变革。高校利用互联网技术，优化了管理流程和工作方法，提升了工作效率和质量。通过建立完善的在线教务管理系统，包括选课系统、成绩管理、在线支付和申请服务等，高校的教育管理逐步实现了自动化和智能化。此外，借助云计算平台和移动互联网技术，高校还能够为师生提供全天候的学习和管理服务，大幅度提升了管理服务的便捷性和可获得性。

① 赵文静:《“线上教学 +”背景下大学英语课程思政教学实践》,《校园英语》2023 年第 49 期。

（二）教学模式革新

“互联网 +”为高校带来了混合式学习、翻转课堂等创新教学模式。传统的教学模式被打破，更加灵活多样的教学策略得以实施，从而促进了学习方式的多样化和个性化。学生能够通过个性化的在线学习平台，根据自身的需求，选择适合的学习资源和学习路径，这不仅能满足不同层次、不同兴趣的学习需求，还能使教育资源的分配更加合理。

（三）科学研究革新

“互联网 +”极大扩展了高校科研领域的视野和边界。学术研究的协同性、跨学科的交流互动迎来了历史性的突破。互联网技术的应用，使得高校与外界的科研单位和产业界建立了深度合作，形成了多方共赢的科研生态环境。在线研讨会、远程实验室和虚拟聚集的科研团队，都是现代高校教育管理适应“互联网 +”时代的鲜活实例。

三、提升了高校的服务能力

现代信息技术的应用，为优化高校教育服务流程、增强服务的透明度和响应速度提供了可能。在“互联网 +”时代背景下，教育资源的数字化与虚拟化带来了共享与开放的新模式，高校教育管理者可以借助这一优势，构建一个全方位、多层次且高效率的教学服务体系。

（一）教育管理领域

高校通过部署全面的企业资源规划系统（ERP）和学生信息管理系统（SIS），成功实现对学生学籍、选课、成绩管理的数字化与自动化，这些系统的高度集成和智能化，大大减少了人工操作，提高了工作效率和数据准确性。此外，高校也积极推广在线申请、注册、缴费等多种服务，这些措施都使得学生与教职工的教育体验得到显著改善。

（二）教学服务领域

线上学习平台和虚拟课堂的构建为学生提供了灵活多样的学习路径。高校能够根据学生的个人学习特点和课程需求，提供个性化的学习资源和教学支持。利用人工智能技术和学习分析系统，收集学生在线学习行为数据，进行深度挖掘和分析，能够帮助教师及时反馈学生学习状况，调整教学策略。同时，学生也可以根据收到的反馈信息，自主调节学习进度和方式，从而实现自驱性学习。

（三）校园生活领域

“智慧校园”[①] 建设提升了高校综合服务能力。智能卡系统为校园提供了全方位的服务，涵盖了门禁、图书馆借阅、用餐、健身等多个方面，极大增强了校园生活的便利度。

（四）公共服务领域

高校建立了以学生为中心的课程服务体系和职业发展指导服务，为学生提供个性化的学习辅导和就业建议。打造在线职业发展平台，提供实习和就业信息发布、在线职业测评、职业生涯规划等服务，提升了学生在职业市场

① “智慧校园”和其他“智慧＋场景”类概念（如智慧医院、智慧社区等）一样，是“智慧化”这一概念的分支，源于2009年前后被引入国内的“智慧城市”概念，而“智慧城市”则源于IBM公司在2008年提出的“智慧地球”；因此可以说，“智慧校园”是一个从2010年才开始逐渐形成和完善的科技术语，所指称的技术带有人工智能成分（特别是深度学习和自然语言理解）。

上的竞争力。

四、促进了高校教育管理要素的互动

高校教育管理要素的互动，不仅增强了高校内部的协同效应，也扩大了与外部世界的连接和交流。依据《教育信息化时代高校教学监控能力的研究》[1] 内容，借助互联网提供的高速信息交流和资源共享功能，教育管理人员可以实时掌握教学领域的最新动态，并对教学过程中遇到的挑战做出快速的响应和调整。

（一）促进学生之间的社交和协作

网络教学平台有助于加强同行之间的沟通和合作，学生不再受地理和时间的限制，可以通过网络进行小组讨论、项目合作等互动活动。网络环境下的社交工具，如讨论区、社交媒体等，都在鼓励学生之间更多地进行知识分享和经验交流，这打破了传统教育中信息传递的单向性，为学习共同体创造了一个互助的氛围。

（二）推动了校际共享与协作

高校通过建立共享课程、资源库等方式，强化了信息通道，促进了知识的交流与合作。通过校际网络课程的互认，学生可享受到更丰富的学习资源，还能积累跨学科、跨领域的学习经验，为他们未来的职业发展提供更为宽广的视野。高校间的互动不仅限于课程共享，还包括教师资源的交流、科研成

① 彭丽芳、周柏林、蔡首生：《教育信息化时代高校教学监控能力的研究》，《中国高校科技》2017 年第 4 期。

果的共享、联合举办学术会议等，这些都为高校教育管理注入了新的活力，并极大提升了教育管理的效率与质量。

（三）加强了与企业、政府及社会其他组织之间的互动

通过有效的信息化管理手段，高校能更好地适应社会需求，协调与外部实体的关系。高校教育管理者可通过网络平台进行市场调研，以便及时调整教学内容和方式，培养符合社会需求的专业人才。同时，企业也可以通过校企合作，参与课程开发、实训基地建设、学生的实习等活动，为学生提供实际工作经验积累，企业也能更早地发掘所需人才。

第四节 “互联网 +”时代高校教育管理面临的挑战

一、高校开发利用优质教育管理资源的难度逐渐加大

高校在教育管理资源的开发利用中面临着不小的挑战，尤其是在优化和提升教育资源开发利用效率方面，这种挑战更是日益凸显。教育资源的优质化是提高教学质量和教学效果的重要因素，但在“互联网 +”时代，这一过程却越发复杂和艰难。

（一）大量的前期投入

优质教育资源的开发首先需要大量的前期投入，如教学内容的开发、教育平台的建设以及维护等。在资源配置方面，版权保护成了一个严峻的问题。互联网环境的开放性导致很多教育资源容易遭受非法复制和传播，这不仅侵犯了知识产权，也降低了高校开发优质学术资源的积极性。此外，随着多媒体技术的普遍应用，教育资源需要融入更多互动和视觉元素，增加用户体验，这对开发人员提出了更高的要求。

（二）资源利用的困难

虽然数字化资源使得教育内容更加易于访问，但它也要求教师和学生具备必要的技术知识和操作技能。大量的网络教育资源涌现，如何筛选和整合最合适的资源，以保证教学质量和效果，成为学校教育管理工作中需要重点解决的问题。同时，在线考核的质量保障同样是一个难点，如何通过互联网平台公平公正地对学生进行评估，保证评估结果的准确性和可信度，是每个高校都面临的难题。此外，传统的教育管理模式与“互联网 +”时代背后的技术和理念存在着一定的鸿沟。“互联网 +”时代要求高校管理者具备新的管理理念和方法，如何在全网环境下综合利用信息技术，优化学术资源管理，以及如何加强学生信息素质教育，提高学生对网络虚假信息的鉴别能力，变成了教育管理者急需解决的问题。

（三）角色转变的挑战

教育管理主体地位问题也成为挑战。在“互联网 +”时代，教师的角色由传统的知识传递者转变为学习引导者和促进者，而学生则应当成为学习过程的主体参与者。这种转变对教师和学生都提出了新的挑战，包括如何适应新的角色，如何自主掌握学习，如何在网络环境中培养批判性思维等。

二、高校教育管理的服务监管能力尚显不足

在“互联网 +”时代，高校教育管理不再局限于传统的模式和工具，相反，互联网技术为高校提供了信息共享、资源优化配置和教学方式创新的无限可能。然而，随着教育活动在线化和信息化程度的不断加深，高校教育管理的服务监管能力亦显现出其挑战性的一面，特别是在确保信息安全、质量控制、

监管有效性等方面的需求不断升级。

（一）信息安全领域技术层面

互联网技术使得信息共享成为可能，但这也给学校管理带来了前所未有的风险。大量敏感数据如学生成绩、个人信息等，在线流通的同时，也面临着被篡改和窃取的危险。高校的信息系统仍然存在安全漏洞，数据加密和用户验证机制亟待加强。对于高等教育的 IT 基础设施来说，除了进行技术升级，更重要的是构建一个可靠的信息安全保障体系。由于校园网络防火墙和信息防御配置的落后，信息成了“无形的敌人”，可能对学校的品牌信誉及师生的日常教学、学习和工作造成影响。①

（二）管理机制和人为操作层面

高校在“互联网 + 教育”的模式下，缺乏完善的规范化管理制度，不当的网上内容可能透过监管机制渗透到教学环境中，影响了正常的教学秩序。因此，需要完善高校的网络信息维护手段，实施更加精准和有效的监管措施，以防止虚假和有害信息在校园网内传播。高校学生有机会利用互联网技术和管理规则的漏洞来规避校园管理，高校需要创新学生教育管理机制，建立更加符合互联网环境的管理体系，确保管理效果。

三、高校教育管理主体的主导地位亟须强化

确保高校教育质量与效率，高校教育管理的科学性与规范性起着至关重要的作用。目前，教育管理信息化正在不断推进，高校教育管理必须保障自

① 张婧雅：《数字赋能视角下企业内部控制体系优化研究》，《营销界》2023 年第 3 期。

身信息分析处理的科学性和决策的前瞻性，这对教育管理人员的专业能力提出了更高要求。对于教师而言，不仅要在传统教育教学能力上有所专精，还应具备一定的信息技术素养，以应对“互联网 +”时代教育管理的新形势。学生主体性的增强，也对高校教育管理的责任和作用提出了新的考验，学生作为教育活动的中心，他们的需求、成长和发展同样需要得到充分的重视和保障。“互联网 +”时代的学生更加渴望自主学习和个性化发展，高校教育管理也需要相应地调整其服务与支撑方式。

（一）确立正确的教育方向和教学策略

高校教育管理的主体地位不仅体现在提供高效的管理服务上，更在于通过深度的数据分析确立正确的教育方向与教学策略。例如，运用学习分析技术优化课程设置，根据学生的学习习惯和成绩数据提供个性化教育方案，将有助于提升教育质量和学生满意度。同时，在海量的教育大数据中识别关键信息，及时发现教育过程中的问题，并据此迅速做出反应，变得尤为关键。提升这些能力，不仅依赖系统化的分析工具，还需要管理者具有较强的数据敏感性和深入的教育理论基础。

（二）建立网络安全防护体系

网络与信息技术的飞速发展，对高校教育管理的安全标准提出了更高的要求。高校必须建立全面的网络安全防护体系，防范黑客侵入、数据泄露等风险，确保教育管理数据的安全性和私密性。技术团队同样需要持续更新对最新网络安全技术与政策的响应能力，以解决“互联网 +”时代新兴的各种新的网络安全问题。尽管教育管理主体的主导地位得到了强化，但仍需在理论与实践相结合上做更多的工作。高校可以借鉴企业在大数据、云计算等领域的经验，推动教育管理人员与企业技术专家的深入交流，促进管理实践与信息技术的深度融合，提高管理团队在整体数据分析及处理方面的综合能力，推动高校教育管理向现代化方向发展。

（三）积极探索实践

高校应展现出开放的学习态度和改革的勇气，积极探索符合“互联网 +”时代教育的新管理模式。高校教育管理者应当成为推动教育创新发展的关键力量，敢于践行新理念，勇于引领教育改革的方向。通过搭建多元化的教学管理平台，开发线上线下相结合的教学模式，优化教育资源配置，提升个性化教学支持水平，最终达到提高教育质量和效益的目标。“互联网 +”时代高校教育管理主体地位的强化是一个系统工程，它既要求高校在理念上更新，在管理技能上提升，更需要在系统建设和安全保障上持续努力。通过不断优化教育管理体系，以数据为驱动，以技术为支撑，不断提升管理水平，如此才能在“互联网 +”时代的波澜壮阔中稳步前行，为培养更多优秀人才奠定坚实的管理基础。

四、高校教育管理的互联网环境系统缺乏整合

随着信息化与互联网趋势的加速融合，虽然高校教育管理体系已经初步建立了覆盖教学、科研、学生事务等多个领域的在线管理平台，但整合互联网资源、统一管理标准以及实现跨系统数据互通仍然存在明显的挑战。由于缺乏统一的信息化框架和数据传输机制，高校间的系统往往成为相对封闭的“信息孤岛”[①]，这阻碍了教育信息化进一步的深度融合和创新发展。

---

① “信息孤岛”概念源于信息科学领域，是对信息传播中的某些限制或障碍现象的一种描述和解释。

“互联网 +”环境下的高校教育管理系统应当能够综合实时数据，以支撑决策制定和个性化教育服务。然而，现行系统的设计往往忽略了用户体验，未能充分满足师生的实际需求，特别是在交互界面设计和用户导航方面。另外，高校教育管理系统缺乏强大的数据处理能力和算法支持，未能有效运用大数据和学习分析技术，以实现教育质量提升和资源的优化分配，高校教育管理系统的分散化无疑加剧了这些问题。

高校教育管理系统的信息安全问题也不容忽视。互联网技术的开放性给数据安全带来了挑战。高校教育管理系统泄露信息的风险不断提升，尤其是在个人教育数据的保护尚缺乏有效的安全措施的情况下。此外，系统漏洞频出、校园网络防火墙建设相对滞后，为信息安全管理带来极大压力。从跨校共享和协同工作的角度出发，高校教育管理系统亟须完善互通互联机制，以推动信息资源的无缝联动。现今高校间的课程资源互认和交流协作仍存在诸多障碍，亟须通过统一平台提供信息标准和共享协议，建立起更高效的互联网环境。

高校教育管理系统需加入智能化元素，如人工智能（AI）技术的引入可以促进教育管理决策的精准化，而云技术可以提升系统的稳定性和可伸缩性。对于高校而言，需要主动迎接变革，建立一套灵活、高效且可持续的教育管理信息系统。针对互联网环境系统缺乏整合的问题，高校必须建立综合性的网络平台和服务系统，能够整合教务、科研、学生事务等各个方面的管理职能。此平台应当具备高容错率、高可用性和高数据一致性，保障系统的稳健运行，并能对接和整合多源数据。同时，应以用户为中心，提供“一站式”服务，以便于师生更为便捷地获取信息和资源，实现个性化学习路径的智能化推荐和辅助。

为确保跨系统数据的安全性和隐私得到充分保护，在建立统一的数据平台时，必须采取严格的数据加密技术，建立健全数据使用和访问规范，引入先进的用户身份验证和访问控制机制。这些措施将有助于增强用户对系统的信任，从而推动系统的更广泛使用和数据的深度开发。在互联网环境下，高校教育管理系统的整合不只是一项技术层面的挑战，更深层次的是一场教育管理理念和模式创新的革命。这意味着高校需要不断审视和更新其教育理念和管理策略，充分运用互联网技术打破信息壁垒，实现资源共享与优化配置，为“互联网 +”时代的教育改革与发展提供强有力的支持。

第三章

“互联网 +”时代高校教育管理实践路径探究

在"互联网+"时代，高校教育管理面临着从传统方式向数字化、网络化、智能化转型的压力。为了适应新时代的发展需求，高校教育管理需要积极探索实践路径，实现教育管理的现代化和智能化。这不仅有助于提高教育管理者的工作效率，更能为师生提供个性化、高质量的教育服务，助力我国教育事业的繁荣发展。

第一节　建设高校管理信息化系统

高校管理信息化是为了满足教育现代化的需求，提高教育质量和效率，加强学校决策能力和竞争力而进行的重要工作。然而，在实际实施中，会面临一系列挑战和问题。通过对问题的分析提出相应的对策，来加强高校信息化管理，以推动高校信息化管理达到新的水平，更好地满足教育的现代需求。

一、高等院校管理信息化的内涵

高等院校管理信息化是指通过充分利用先进的信息技术手段，对高等院校的管理体系进行全面深化和升级的过程。这一概念内涵十分丰富，不仅体现在学校各个管理环节的信息化应用，还涵盖了管理理念、决策模式和服务方式的全面创新。在学生管理方面，管理信息化可以通过学籍管理系统、学生档案信息化建设等手段，实现学生信息的全面数字化，包括学生成绩、考勤、社团活动等多方面的数据，为学生提供更加个性化和全面的服务。

教务管理层面，管理信息化可以通过建设电子课表、网络教学平台等，提高教学资源的利用效率，优化课程安排，以及方便学生、教师进行在线学习和教学活动。人事管理方面，通过人力资源信息系统的建设，可以实现对教职工的全面管理，包括招聘、培训、考核等各个环节，提高人力资源的配置效率。财务管理方面，建设财务管理信息系统，实现对学校财务状况的实时监控和分析，提高财务决策的准确性和效率。因此，高等院校管理信息化是一项全方位、全过程的工程，不仅关乎信息技术的应用，更涉及整个管理体系的创新和升级，为高等院校提供了更加智能、高效、透明的管理手段，推动了高等院校向现代化管理迈进的步伐。

二、加强高校管理信息化的必要性分析

高校管理信息化直接关系到教育和学校管理的现代化，以及应对社会和技术变革的挑战。首先，高校管理信息化可以提高教育质量和效率，通过数字化、自动化的方式优化课程安排、学生信息管理和教育资源利用，从而为学生提供更好的学习体验和更多的学习机会。

其次，信息化管理可以加强学校的决策能力，使校领导更容易获取数据和信息，做出明智的决策，以满足学校的战略目标和发展需求。此外，信息化还可以提高学校的竞争力，吸引更多的学生和教职员工，加强国际合作和交流，推动高校的国际化进程。同时，高校管理信息化有助于应对现代社会面临的挑战，如大规模数据管理、网络安全、在线教育和跨界合作，使高校更具适应性和创新性。因此，加强高校管理信息化不仅是提高高校综合竞争力的需要，也是满足教育现代化的迫切要求。

三、高等院校管理信息化的建设现状

（一）基础设施的建设状况

在高等院校管理信息化建设中，基础设施的建设状况是保障整个体系运

行的关键。[①] 当前，高等院校普遍致力于构建健全的基础设施，以满足不断增长的信息化需求。首先，网络基础设施得到了显著改善。学校广泛铺设了高速、稳定的内部网络，使得师生能够方便地进行信息传输和交流，不仅为教学、科研提供了可靠的网络支持，也为管理信息的流动奠定了坚实基础。

其次，数据中心的建设也得到了加强。数据中心作为信息管理的核心，不仅能够安全、可靠地存储大量的学校数据，而且为数据的处理和分析提供了高效的平台，以能帮助学校更好地了解各项运营数据，优化决策流程，提高管理效率。数据中心的健全建设，使得高等院校能够更好地应对信息化时代带来的挑战，实现信息资源的集中管理和智能应用。

然而，要实现管理信息化的全面发展，高等院校还需进一步深化基础设施建设，不断更新技术设备，提升网络速度，以适应日益增长的信息处理需求。以此为高等院校提供更为稳健的信息技术支持，推动整个学校向着数字化、智能化管理的目标不断迈进。

（二）运用系统的建设状况

在高等院校管理信息化的建设中，运用系统的建设状况是该过程的关键组成部分。目前，高等院校广泛引入了多个信息系统，包括学生信息管理系统、教务管理系统、人事管理系统、财务管理系统等，形成了一个系统化的信息管理框架。学生信息管理系统为高等院校提供了全面的学生档案管理工具。

通过这一系统，学校能够轻松追踪学生的学业进展、成绩记录、社会活动等信息，实现对学生全生命周期的全面管理，不仅为学生提供了更个性化

① 张将：《高校管理信息化问题与对策研究》，山东大学，2021年。

的服务，也为学校的决策提供了翔实的数据支持。教务管理系统在优化课程安排和教学资源配置方面发挥着重要作用。学校通过这一系统可以高效安排课程表，合理调配教学资源，确保教学进程的顺畅。同时，教师和学生可以通过在线平台方便地获取教学资源，促进了教学过程的互动性和高效性。

人事管理系统为高等院校提供了一套完整的人力资源管理解决方案。从招聘到员工培训再到绩效考核，系统化的管理让人事流程更加透明和高效，以有助于学校更好地激发人才潜力，提高组织的整体绩效。财务管理系统的运用实现了财务数据的实时监控和分析。学校可以通过系统准确掌握财务状况，及时调整预算和资源分配，确保财务运作的稳健和透明。

因此，高等院校在运用系统的建设方面已经取得了显著进展，为提高管理效率、优化资源配置、提升服务水平奠定了坚实基础。然而，随着信息化需求的不断增长，高等院校需要不断优化和更新这些系统，以适应未来教育管理的更高要求。

四、高校信息化管理中存在的问题分析

（一）对高等院校管理信息化的重要性认识不足

一些高等院校可能未能充分理解管理信息化对学校发展的战略性意义，导致在信息化建设中缺乏足够的重视和投入。管理信息化不仅仅是简单地采用一些技术手段，更是一种战略性变革，能够深刻影响学校的教育教学质量、管理效能和服务水平。学校管理信息化的重要性体现在提高管理效率、实现资源优化配置、推动教育创新和提升服务水平等多个方面。

通过信息化手段，学校能够更加迅速、精准地获取各类管理数据，有助

于科学决策和及时调整管理策略。① 同时，信息化还为学校提供了便捷的平台，促进了师生之间、学校内外的沟通与协作。然而，由于对这些潜在收益的认识不足，一些高等院校在信息化建设中可能出现投入不足、项目规划不合理等问题。

（二）缺少全面综合的管理信息化系统

高校信息化管理中另一个突出的问题是缺乏全面综合的管理信息化系统。许多高校使用的信息化工具和系统往往是零散的、分散的，不同部门之间难以实现有效的数据共享和协同工作。这导致了“信息孤岛”的存在，使高校在数据整合、决策制定以及资源管理方面面临着挑战。缺乏全面综合的管理信息化系统限制了高校的整体运营效率和决策制定的科学性，阻碍了其实现更高水平的管理和教育质量。

因此，建立一个完善的、全面综合的管理信息化系统是迫切需要的，以实现高校各部门之间的协同合作，提高管理效率，以及更好地履行教育使命。

（三）缺乏积极性

目前，高等院校管理信息化建设中存在对用户和服务对象关注不足的问题。管理信息化的目标是降低员工的工作负担，提高工作效率。然而，目前高校教学管理的质量普遍较低，信息意识不足，信息技术应用水平有限，再加上管理团队不够稳定，妨碍了教学管理工作的顺利进行。另外，在信息管理设计中，有时过于强调效率，而忽视了其本身的服务功能，进而导致许多基层教师和学生对管理信息化建设产生了质疑，引发了多方面的问题。

---

① 尹国才、高虎子、张文等：《地方高校教学管理信息化建设中存在的问题及对策研究》，《北华航天工业学院学报》2018 年第 6 期。

五、强化高校信息化管理的有效策略

（一）加强对信息化管理的认识

高校管理层和全体教职工需要深刻认识到信息化管理不仅仅是一项技术手段，更是推动学校整体现代化的战略性举措，需要从校领导到基层管理人员，以及广大教职工，都具备对信息化管理的全面认知。

首先，要明确信息化管理对于提升学校管理效率、服务水平和教学质量的积极影响，表明信息化不仅仅是为了应对时代潮流，更是为了提高学校整体运作的效能，使学校更好地适应社会的发展需求。

其次，加强对信息安全和隐私保护的认识。随着信息化的推进，信息安全问题变得尤为重要。学校管理层和教职工应当深刻认识到信息安全的关键性，明白信息的合法使用和保护不仅关系到学校声誉，更关系到广大师生的切身利益。

最后，要认识到信息化管理需要全员参与，而非仅仅信息技术部门的责任。每一位校内成员都是信息化管理的参与者和推动者，无论是领导层还是基层员工，都应当具备相应的信息化素养，积极参与信息化管理的规划、实施和评估过程。通过加强对信息化管理的认识，高校能够形成全员共识，为信息化管理的深入推进提供坚实基础。这也将有助于更好地制定和执行信息化管理策略，推动学校整体迈向信息时代。

（二）建立健全信息化管理系统

建立健全的信息化管理系统包括整合和优化学校内部的信息系统，构建一个全面而高效的信息化管理框架。

首先，高校需要建立一个全面的信息化规划，明确信息化管理的战略目标和发展方向。这一规划要充分考虑学校的特色、发展阶段和未来需求，确保信息化系统的建设与学校整体发展相一致。

其次，整合各个管理部门的信息系统，确保信息的流通畅通无阻，不仅包括学生管理系统、教务管理系统、人事管理系统、财务管理系统等，还需要考虑它们之间的互联互通，以实现数据的共享和协同工作。同时，建设健全的信息安全体系是不可或缺的一部分，包括确保数据的保密性、完整性和可用性，预防和应对信息安全威胁，制定相关政策和规程，提高全员的信息安全意识。①

最后，建立定期的信息系统维护和更新机制，保持信息系统高效运转，需要投入足够的人力、物力和财力，定期进行系统巡检、升级和优化，以适应不断变化的信息化环境。建立健全的信息化管理系统将有效提高学校管理的智能化水平，促进各项工作的高效协同，为教学、科研和管理提供更强有力的支持。通过全员参与，形成科学、合理的管理体系，高校将更好地迎接信息时代的挑战。

（三）加强信息资源的整合和优化

高校通常拥有各种各样的信息资源，包括学生数据、教学材料、研究成果等，这些数据分散在不同的系统和部门中，如果不能充分整合和优化利用，将限制学校的潜力。通过整合信息资源，高校可以实现数据的一体化管理，避免“信息孤岛”问题，提高数据的质量和可用性。这将有助于学校更好地分析学生和员工的需求，制定更科学的决策，提高教育质量和管理效率。此外，信息资源的优化利用也可以减少数据冗余，降低数据存储和维护成本。通过数据挖掘和分析，高校可以发现隐藏在数据中的宝贵见解，帮助学校更

---

① 赵东：《高校信息化管理问题分析与对策》，《文教资料》2017 年第 5 期。

好地满足学生需求，改进课程和提升研究成果。

（四）提高管理人员的综合素质

在信息化时代，管理人员不仅需要具备传统管理知识和技能，还需要具备强大的信息技术素养、创新意识和战略思维。

首先，管理人员需要具备较高的信息技术素养。他们应当了解信息技术的最新发展趋势，熟练使用各种信息化工具，能够灵活运用信息技术解决实际管理问题，包括对大数据、人工智能、云计算等前沿技术的了解，以更好地指导学校信息化管理的发展。

其次，创新意识是提高管理人员综合素质的关键。信息化管理需要不断创新和改进，而这离不开管理人员的敏锐洞察力和创新意识。他们应当能够主动应对信息化带来的挑战，勇于尝试新的管理方法和工具，推动学校管理向更加现代化和智能化的方向发展。

最后，战略思维也是不可忽视的一项素质。信息化管理需要具备长远的战略眼光，使信息化与学校整体战略目标相契合。管理人员应当具备制定和执行信息化战略计划的能力，将信息技术融入学校的战略决策中，使信息化真正成为学校发展的有力引擎。

通过培养和提高管理人员的综合素质，学校能够更好地适应信息时代的管理需求，推动信息化管理工作更为深入、全面地发展，有助于形成良好的管理团队，为高校信息化管理的成功实施提供坚实的人才支持。

高校管理信息化问题的解决需要多方面的努力和策略，必须加强管理人员对信息化的认知，建立健全信息化管理系统，加强信息资源的整合和优化，并提高管理人员的综合素质，以有助于高校信息化管理的全面发展，为现代教育提供更好的支持和服务。信息化管理不仅是提高高校综合竞争力的需要，也是满足教育现代化的迫切要求。

第二节　推动高校毕业生档案管理智能化

高校毕业生档案是指记录毕业生个人学业、成绩、荣誉、实习经历等信息的文件或电子记录，这些档案全面反映了毕业生在校期间的表现和成就，对于学校、雇主和毕业生自身都具有重要的参考价值，有助于推动高校教育质量和毕业生综合素质的提升，因此提高档案管理的真实性至关重要。充分利用互联网技术，有助于提高档案管理流程的智能化和网络化，使管理更加便捷、高效，并确保信息的真实性和及时性。

一、高校毕业生档案的现代化管理现状

（一）信息采集技术较为落后

高校毕业生档案管理在信息采集技术方面存在相对滞后的问题，部分高校仍然依赖传统的纸质档案管理系统，信息采集主要通过手工录入，未能充分利用互联网技术，导致了许多不便之处。

首先，信息采集技术相对滞后，使得数据录入烦琐且容易出现错误。手动录入数据不仅费时费力，还容易受到人为因素的影响出现录入错误或遗漏，

降低了档案信息的准确性。

其次，纸质档案管理系统难以适应当今信息时代的快速发展，传统的档案室存储方式限制了信息的便捷获取和共享，在面对大量毕业生信息时，传统系统无法高效处理，影响了档案的管理效率。另外，由于信息采集技术的滞后，档案的电子化和数字化程度不高，难以充分利用现代化管理工具，影响了档案跨部门、跨系统的协同，降低了整体管理水平。

（二）缺乏完善的档案管理制度

目前，部分高校的毕业生档案管理缺乏完善的管理制度，未能利用互联网技术进行信息传递和沟通，导致信息传播受阻、各部门沟通不畅，严重影响了管理效率。一方面，许多高校仍旧使用传统的档案管理方式，高校内部网络安全建设不足。考虑到毕业生信息泄露的可能性，毕业生档案数据往往被禁止通过网络传播，档案管理部门主要通过电话、纸质文件、校园内部通告等方式进行档案信息沟通，难以实现高效的信息交流。

另一方面，毕业生档案的信息化管理面临技术障碍，纸质化的档案资料往往只能由毕业生班级统一收集然后主动上交，导致档案管理工作人员往往快速、及时地收集档案资料。在档案资料保存到档案室后，学生如果想要查询某些资料，只能由档案管理员进行查阅，在档案管理工作中往往只能单向传递信息。此外，在档案管理工作中，责任机制不够健全，执行力在制度实施的过程中受到一定的制约，甚至机制运转不够顺畅。

（三）缺乏有效的质量把控机制

高校毕业生档案的现代化管理缺乏有效的质量把控机制，导致档案管理过程中存在潜在风险。首先，未能引入互联网技术进行实时档案信息更新，导致一些高校毕业生档案的信息更新速度较慢，这直接影响了档案资料鉴定的一致性，由于缺乏先进的信息化技术，档案管理员面临手工更新和录入的烦琐过程，不仅导致信息的录入和上传不够及时，在巨大的工作量和人工输入的条件下也可能出现一些错误。此外，单纯地依靠人工操作，无法在短时间内将大量的档案资料进行系统的归纳和整理，这就导致在档案收集和整理过程中可能遗漏关键数据，导致档案资料的完整性受到影响[①]。

其次，部分档案管理部门的领导人员专业素质较低，不重视严格落实档案管理工作流程规范，对员工缺乏严格的监督和管理，缺乏互联网、信息技术知识，种种原因导致档案管理过程中存在一些流程性漏洞、人为失误等，造成档案信息的遗漏或错误。

二、“互联网+”时代高校毕业生档案的现代化管理策略

（一）运用互联网技术制定档案管理标准化流程

目前，部分高校档案管理缺乏体系，缺乏规范化管理流程，档案管理工作职责不清，难以保障工作质量。因此，高校必须建立完善的档案管理标准化流程。首先，通过互联网技术建立一个集中化的档案管理平台，将毕业生的个人信息、学业成绩、实习经历等数据整合存储。其次，通过互联网技术制定档案的标准化流程，建立在线申请和审批的机制，毕业生可以通过在线系统提交档案申请，而学校的相关部门可以通过系统进行审批和管理，提高操作的规范性。最后，利用互联网技术还可以实现对档案信息的实时更新和动态管理，高校可以通过互联网技术监控毕业生的动向，与毕业生进行沟通互动，从而及时更新相关信息，确保档案的及时性和准确性。

① 贺小芹：《“互联网+”时代高校毕业生档案的现代化管理策略》，《兰台内外》2022年第2期。

（二）运用互联网技术细化档案管理工作制度

在制定档案管理工作制度的过程中，要提高管理效益并不断提升工作的质量和水平，利用互联网技术开发在线办公系统，明确档案管理工作流程，减少人工操作失误。首先，务必明确档案管理制度的细则和具体要求，设定归档范围，考虑未来工作职能调整和业务发展的可能性，充分考虑档案的储存完整性和资料的全面性，预设潜在风险，制定完善的档案管理体系。其次，优化档案管理的工作环节，不仅要落实档案管理工作制度，还需要制订归档计划，实施集中化、全面的归档管理，并不定期排查常见的工作问题，确保档案工作的正确性，防止意外疏漏的发生。最后，还需进一步完善和重视档案资料的交接工作，明确责任主体，保障交接流程的合规性和合理性，确保档案资料顺利交接。

（三）建设“互联网 +”数字化档案管理系统

在“互联网 +”时代，高校毕业生档案建设必须与信息化发展密切结合。高校应以“互联网 +”的思维模式为基础，建立数字化档案管理系统，逐步实现纸质档案向电子信息档案的转变，使档案管理过程更加现代、精细、智能，以提升管理效率和服务水平。

首先，高校在档案信息系统的建设上需进行全面规划，并为此提供足够的资金和资源支持。积极引入云计算、大数据、人工智能、区块链等先进信息技术，将毕业生数据存储到信息系统中，逐步建设和完善毕业生档案管理系统，为档案管理工作提供更加便捷、智能化、系统化的信息系统；还需要考虑对系统进行进一步扩展，以满足未来可能的需求和挑战。同时，高校应建立数字化档案管理系统的专项资金，设立专业部门或岗位进行系统维护和优化，保障该系统的长期稳定运行。

在档案信息系统的建设过程中，高校应重点利用互联网技术、大数据挖掘和分析技术建设高校毕业生档案数据库。首先应考虑增设更多的档案信息种类，尽可能多地全面收集毕业生档案数据，选择文字、图片、视频等多种数据形式，为数据库的建设提供丰富而多元的数据，为后期数据库功能的调试和优化提供数据支撑。在数据库的功能设置上，应建立互联网在线查询模块，设置档案管理员、企事业单位、教师、学生、学院等不同用户的查阅权限，确保用户能够根据其需求和角色获得适当的权限和功能；在进行数据挖掘和计算时，要注意保障相关数据的安全性和隐私性，根据不同级别的隐私信息和对应用户的权限设定相应的安全保护措施。

促进档案数据共享，高校应结合社会实际和师资力量，使档案数据库资源更加丰富，为社会机构和大学生提供更全面的查询服务；同时，要明确信息共享权限，确保资源在特定时间和范围内通过局域网传播，以防止档案资源泄露。

（四）运用互联网技术推进档案管理智能化

在“互联网 +”时代，档案数据不仅能够起到查阅信息、方便管理的作用，通过对大量的毕业生档案数据进行汇集和分析，还在就业趋势预测、就业政策制定、战略决策方面发挥着巨大的价值。因此，高校需要推动档案管理的智能化转型，更大程度上发挥档案数据的价值。

加速智能化转型的进程，提升数据储备与数据质量。高校要进一步推进档案管理电子化和无纸化的进程。[①] 在实施过程中，可采取以下几个方案。第一，探索如何利用互联网技术和智能化技术实现档案数据的收集、整理、分类、计算、预测等功能，对档案数据进行深度利用，提高档案工作的质量

① 王颖:《利用信息化手段为依托创新高校毕业生档案管理的方法》,《科技资讯》2021 年第 25 期。

和效率。第二，拓展毕业生档案内容的范围，探索通过互联网技术实现电子档案数据的接收，为智能化管理系统的建设提供充足的数据基础，以确保数字档案信息能够深度挖掘。第三，尽管目前档案资料仍旧以实体档案为主，但随着档案信息化建设的普及，此后数字化档案将会成为主流。高校需要着重研究如何利用数字技术实现对这类档案信息的智能管理、数据挖掘，并提供更多的应用价值。例如，可探索开发利用智能软件实现文件识别、自动录入、提取关键词等功能。

此外，高校应积极寻求外部合作，构建多元化的合作模式，共同推动档案管理智能化的进程。高校应主动寻求与互联网企业、科研机构的跨界协同合作，并发挥引领作用，建设档案智能化管理研发团队。通过与各方专业人员的紧密协作，更为有效地解决档案管理智能化建设中的挑战，推动技术融合与标准规范的深入研究，从而促使档案智能化管理在创新与应用方面有更为显著的发展。

（五）建立“互联网+”档案管理宣传机制

高校应当与人才中心合作开展档案管理各项工作，通过多渠道加强宣传和教育，构建健全的档案管理和宣传工作机制。在新生入学阶段，应当着手对新生普及档案资料的重要性，在学生就业指导的过程中帮助学生深入理解档案内容。在日常校园生活中，充分运用互联网的信息传递功能，通过微信公众号、微博、校园网等多种网络途径介绍毕业生档案的内容和档案管理的重要性，向学生渗透档案资料管理意识，使他们能够更主动地参与到档案管理工作中。在职业规划阶段要特别强调毕业生档案的重要性，提醒学生配合学校完成毕业生档案收集工作。① 此外，通过奖惩制度提升档案相关工作人

---

① 温晓丽：《互联网背景下现代医院档案管理改革策略和模式创新》，《科技风》2022年第1期。

员的积极性，使其更有动力投入档案管理工作，提升整体工作效能，尤其要重视辅导员在档案收集工作中的重要作用，对其进行系统性培训，并列入辅导员绩效考核。

高校毕业生的档案管理工作不仅能够为评估学生的综合素质提供依据，还对企事业单位的人才选拔具有重要意义。因此，高校需要积极将互联网技术引入高校毕业生档案管理工作中，构建健全的档案管理机制，提高档案管理的效率。

第三节 创新高校人才培养策略

随着第四次工业革命的浪潮涌动，人工智能技术应时而生，成为这一时期的核心动力。它不仅深刻地改变着我们的日常生活和社会运行机制，还对众多行业的发展起到了决定性的作用。在政策层面，2017 年国务院颁布了《新一代人工智能发展规划》文件，其中特别提出了“智能教育”的构想。紧随其后，2018 年教育部发布了《高等学校人工智能创新行动计划》，该计划强调利用人工智能技术革新人才培训模式并提升专业学科建设水平。从这些政策的出台和实施可以看出，人工智能与高等教育融合的趋势已经形成，并将在未来持续发展。面对国家的政策指导和教育领域变革的现实需求，高校必须积极行动起来，全面投入到探索和实践适合人工智能时代的新型人才培养策略中。通过这种方式，高校将能够加快自身教育体系的转型，开启教育创新发展的新旅程。

一、人工智能时代高校人才培养创新的定位

（一）培育创新意识和思维

随着人工智能技术的持续进步，我们目睹了一系列技术革新融入日常的

生活，如远程终端控制、数字化信息平台、先进算法和大数据。这些工具不仅帮助我们处理复杂的问题，也在工作中提供了前所未有的解决方案。在这样的技术背景下，高等教育机构面临着一个重要使命：培育具备创新意识和思维能力的学生，从而帮助他们在竞争激烈的职场中保持优势。

高校应转变教育模式，不再单纯强调知识的传授，而是应重视激发学生的创新潜能。这包括借助人工智能技术，鼓励学生开拓新的创业途径，并增强他们利用现代科技解决问题的能力。因此，大学教育必须与时俱进，不仅要培养学生的创新精神，还要确保他们具有创造力以及与快速发展的技术相适应的意识。总之，为了确保学生能够在未来社会和行业变革的浪潮中立足，高校有责任调整其培养方案，以塑造具备前瞻性思维和创新能力的未来人才，使他们能与人工智能技术的发展相得益彰，共同推动社会的进步。①

（二）突出学生的主体性地位

在人工智能时代，我们迫切需要重新审视师生之间的关系，并确保实施以素质教育为核心的教育理念。这种理念强调学生是学习过程的中心。在以往的教学环境中，教师过于主导，导致学生经常处于被动接受知识的位置。然而，真正的教学不应仅仅是知识的单向传递，而应是一个双向互动的过程，其中包括知识的沟通、思想的激荡和观点的交流。

随着人工智能技术的发展，我们的学习方式正在发生翻天覆地的变化。学习资源变得越来越多元化，教育资源的传播也更加开放。此外，智能数字化的学习工具和设备如雨后春笋般涌现，为学生提供了前所未有的自主学

---

① 雷霆、黄亚宁：《“平台＋模式＋环节”本科人才培养体系研究——以新疆大学×学院为例》，《新疆开放大学学报》2021 年第 3 期。

习机会。面对这些变化，高等教育机构应该充分认识到学生作为学习主体的重要性。他们应该鼓励学生从被动的知识接受者转变为积极的知识探索者和学习者，培养他们对知识的个性化理解和思考。通过这种方式，学生可以真正成为他们学习之旅的主人，对学习内容进行深入的个人反思和批判性分析。

（三）实施因材施教策略

随着人工智能技术的飞速进步，其已经渗透到高等教育领域，使得教学活动变得更具针对性、精准性和科学性。在传统的班级授课模式中，由于教师面对的是众多的学生以及有限的时空条件，实现针对每个学生个体的定制化教育往往显得力不从心，这常常导致忽略了学生之间的个体差异。未来，高校应当积极拥抱人工智能技术，并利用它来构建信息化平台或数据库，以此收集和分析学生的学习需求。通过这种动态监测系统，可以实时地记录下学生们的学习进度和状态，并将其安全地存储起来。借助先进的数据分析工具，这些信息被转化为有用的见解，为每一位学习者提供与其个人需求和能力水平相适应的教育资源。通过这样的方式，高校教育将能摒弃“一刀切”[①]式的传统教学理念，转而采纳更为个性化的教育方法，实现真正意义上的“因材施教”[②]。这种基于数据驱动的教育改革不仅将推动每位学生的潜能得到最大限度地发挥，而且也将极大地提高教育的整体质量和效果。

（四）推动跨学科整合与协同创新

在教育过程中，学科间的融合与合作已成为培养全面发展人才的关键。

① 出自刘心武《钟鼓楼》第一章：“世界上的事，没有一刀切的时候，没有一切都合理都美满的时候。”

② 出自孔子《论语·先进篇》，中华书局，2006 年。

随着社会的发展和科技的进步，各个领域之间的交叉与协同日益增多，单一的学科知识已无法满足人们对综合素质的要求。为了培养具有全面素质的人才，我国教育体系积极推动各学科之间的交流与合作，鼓励教师与学生跨越专业界限。跨学科整合可以丰富知识体系，培养全面的思维方式。各领域专家携手合作，共同攻克难题，提高跨领域解决问题的能力。在这种多元化的知识体系中，教师和学生还可以借鉴各个领域的优秀成果，为自己的创新提供灵感。同时，跨学科的交流与合作也能激发教师和学生的求知欲，促使他们勇于挑战传统观念，开拓新的研究领域。

二、人工智能时代高校人才培养创新的"瓶颈"

（一）人才素质结构较为单一

当前，在我国众多高校中，对于学生的能力培养呈现出一种较为简化的模式：以专业知识学习与专业技能训练为核心。通常情况下，学生在大学的前两学年里主要致力于吸收并理解大量的专业知识，直至进入第三学年或接近毕业阶段，才开始接受专业领域的实践操作教育。实际上，这种教育模式将学生的才能培养局限于"专业理论学习 + 专业技能实习"[①] 的范畴，其衡量标准似乎只关注于学生是否掌握了特定领域所需的技术能力。这一狭隘的定义显然无法支持学生能力的多元化成长。特别是在如今人工智能日益兴起的背景下，大数据和数字信息技术尚未被广泛融入不同专业的教学过程中。大多数情况下，学生对人工智能的了解仅停留在教师偶尔在课堂上简要介绍的水平，或是极少数专家提供的案例研究。因此，学生关于人工智能的素养并没有在整个人才培养结构中得到充分且显著的培养。

① 周浩、肖菲：《面向人工智能时代的高校创新型人才培养》，《党政干部论坛》2023 年第 9 期。

（二）个体多样化的创造力被忽视

很多高校采取了一种“重理论，轻实践”的教学方法，这限制了学生们独立思考和深化理解的能力。同时，这种教育方式往往未能充分地将理论知识与实际操作紧密结合，导致学生在创新和实际能力方面的发展受到限制。此外，在教学过程中，学校很难对学生进行个性化区分，无法针对他们的学习水平、知识背景或技能特长提供定制化教育，无论是在同一专业还是跨专业。

在引入人工智能课程时，教育机构倾向于采用标准化的教育方案和材料，这种“流水线”式教学忽略了学生个体差异，如独特的学习风格、兴趣偏好以及各自的擅长领域。因此，学生们发现他们难以明确自己专业与人工智能领域的交汇点，并且无法针对性地整合相应的知识和技巧。这种方法不仅不利于激发学生的创造性思维，而且限制了他们在发展和应用人工智能研究与应用方面的潜力。

（三）人工智能影响下的职业规划缺位

当下，人工智能已经对经济发展方向、行业变革产生了实质性影响，一些行业受到了冲击。不仅如此，人工智能以其智能性、高效性、便捷性、全能性等特征，在不久的将来将会对所有行业的发展进行“大洗牌”，极大地改变产业经营模式和结构，低端劳动型岗位、可重复实施型岗位，甚至需要人类思维、人际交往、情感交流的很多岗位将会逐渐被取代①。然而，矛盾是对立统一的，虽然众多岗位面临着被取代的困境，但人工智能也会催生全新的职业，更新传统的工种。为此，创新能力、接受新事物的能力应成为求职

① 侯丽华、李含:《人工智能技术推动高校人才培养的改革模式》,《黑龙江科学》2020年第7期。

者的硬性技能。作为大学生，要具备与人工智能相适应的认知、工作实操技能，并着力培养社交情感能力。但结合现实来看，高校对学生综合职业能力的培养力度匮乏，学生的独立思考能力、集体协作精神、利用和融入人工智能技术等能力都亟待培养。

三、人工智能时代高校人才培养创新的具体实践策略

（一）完善人才素质培养结构

高校应顺应人工智能技术发展的现实需要，将人工智能纳入人才素质培养体系中，完善人才素质培养的结构。对此，要本着循序渐进的原则，按阶段、有秩序地搭建人才素质机构。

在第一个阶段，要对大一学生进行针对性培养。包括讲解人工智能的内涵、诞生背景、在社会中的应用情况、产生的影响、发展前景等，让学生对人工智能具备较为清晰的认识，引起学生对人工智能的重视。向学生讲授建立在实证基础上的逻辑推算模型，让学生学会使用计算机解决诸多问题。

在第二个阶段，要针对大二学生进行针对性培养。把注意力重点放在缺乏计算机编程经验的文科生，教会这些学生应用与其学科相适应的推理计算模型或工具。通过持续性的学习和训练，学生将掌握模型和工具的操作原理。

在第三个阶段，要针对大三学生进行针对性培养。把注意力重点放在非计算机专业的学生，确保其在不了解编程语言的情况下能够尝试人工智能领域专家研发的部件，旨在学会逐步分解目标任务，推算每个环节。通过掌握每个子目标技术，在具体实践中练就高级设计能力。

在第四个阶段，要针对大四学生进行针对性培养。这个学段的学生大多数都可以利用计算机软件开发适用于所学专业的系统，并根据各专业和行业

需求设计出更合理的推算软件、计算模型、智能化设备等。通过这些做法，学生能够建立初级的人工智能素质结构，具备与人工智能领域行业相匹配的职业素养。

（二）培养多样化的个人创造力

个体化差异与人才培养质量密不可分，只有充分尊重学生的个体化差异，才能发掘学生的潜能，培养多样化的人才。对此，在人工智能时代，高校应依据不同专业的内容、特征搭建“人工智能 + 学科”型培养机制。例如，完善各专业课程内容，确立人工智能和专业课的交叉点。

借助数字信息化手段，比方说中国大学 MOOC、网易云课堂、腾讯课堂、B 站等，提升学生学习的主动性。不仅如此，实施人工智能跨学科培养机制，打造别具一格的人工智能选修课、通识课、特色技能训练课等，提升学生广泛参加有关人工智能软件硬件、设备研发的能力。

高校教师可采用混合式教学模式，利用人工智能快速完成一般性、常规性教学工作，并利用图像识别、语音识别、情感感知[①]等技术了解学生的学习行为，为学生提供个性化辅导、个性化教学服务，从原来的“讲述者”转变为“引导者”“设计者”。

为确保人工智能与各专业深度融合，高校应着重从实践层面寻求突破口，围绕课程建设、实习、研究活动、教学考评等方面进行革新，加快推进人工智能素养培训落实落地。对此，教导学生立足于人工智能本身的内容和特征，结合各专业知识，积极研发与各专业内容和对应职业相匹配的人工智能学习产品，从中深挖、分析、运用、践行人工智能和专业融合的全部要领。

① 李广平、陈武元：《人工智能背景下我国高校人才培养变革的有效思路》，《中国高等教育》2020 年第 11 期。

（三）明确和实施职业规划

在人工智能时代，高等院校必须审慎评估现代技术对就业市场的影响，并集中精力培育学生在人机交互环境中的协作能力。为此，高校需制定和实施符合 AI 发展趋势的职业规划课程，通过理论讲座和实践操作，帮助学生透彻了解自己专业领域可能面临的挑战，并提前策划解决方案，确保所学专业与 AI 技术的有机融合。为了实现这一目标，学校应按照学生的个人职业志向和发展需求，制定个性化的教学大纲、教学手段、实习模式以及评估标准。通过这种深入的个性化教学策略，可以培养出多样化的人才，满足不同企业、行业和社会的进步需求，保证毕业生在竞争激烈的职场上占有一席之地，同时把握人工智能带来的新机遇，创造出更多价值。

高校还应积极寻求与企业间的紧密合作，以促进人才培养与产业需求的有效衔接。例如，可以与相关专业领域的公司建立长期稳定的伙伴关系，为学生提供大量的实际工作经验，使他们及时了解行业最新动向及 AI 技术在实际工作中的应用，清楚认识到人工智能对于职位技能要求的演变。

高校也应当与致力于 AI 技术的企业合作，获取最前沿的科技信息，让这些企业为学校制定更加专业化、精细化、实用的培训计划，提高学校在“AI+ 人才塑造”方面的能力。学校还可以邀请 AI 领域公司的资深员工或技术专家进行校园演讲，与学生面对面交流关于人工智能的知识，这会帮助学生从更全面的角度理解人工智能技术，并为他们未来的职业生涯奠定坚实的基础。

（四）打造一支强有力的师资队伍

为了与人工智能技术的进步保持步调，高校需要构建一支强大的“人工智能＋人才培育”教师团队。这要求高校激励其教师群体更新教育观念，培养持续学习的心态并积极获取关于人工智能的最新知识，同时运用人工智能工具跟上人才培训的潮流。此外，教师应不断探索创新的教学手段，并将人工智能融入课程设计。

针对现有的教职工，高校应组织以人工智能为主题的专项培训，帮助教师们深刻理解人工智能技术进步对人才塑造目标的影响，以及它对现代教育理念“以学生为中心”的重塑作用。更进一步地，高校应大力邀请那些具有人工智能学术背景和丰富实践经验的专业人才，他们能够为教师队伍带来新鲜活力，引入先进的人工智能技能培训模式，从而推动人才培训方法的持续创新和发展。

（五）引进人工智能技术

为了培育学生的创新思维与意识，高校应当采纳最新的人工智能技术。有句古语说得好：“工欲善其事，必先利其器。”① 精通人工智能技术将成为学生未来与该领域深入互动的基石。因此，高校可以构建一个虚拟化的实验和实践平台，将虚拟现实（VR）以及增强现实（AR）技术融入课程之中。通过超越物理界限，学生能够获得无限的学习体验，这不仅有助于他们更直观地掌握知识，而且能激发他们的创造潜能。

运用人工智能的仿真技术建立起来的虚拟实验室，可以帮助学生构筑思考框架并培养逻辑思维。此外，高校还应该整合智能教学技术，比如通过面部识别来监控学生的学习状态，使用眼动追踪技术来观察学生的学习行为，以及应用情感计算分析学生的情感反应，以此来精确捕捉每个学生学习时的详细信息。这些数据使得教育者能够为每位学生制订个性化的教学方案，并提供关键的学习要点，使学生能在定制化的学习环境中进行独立研究，真正

① 出自孔子《论语·卫灵公》，中华书局，2006年。

成为自己学习的主人。

（六）建设人工智能型校园

为了营造一个充满人工智能学习气息的校园环境，高校需要从外部氛围着手，巧妙地影响学生的学业行为，唤起他们对学习和应用人工智能的热情。在教学环境建设上，学校可以打造一系列智能化的学习空间，比如智慧教室、微型课室以及远程互动式录播教室等。这些多元化教学场所能提供丰富的场景以支持学习。针对教学资源，构建统一的平台和数据库是关键，它能确保学生和教师通过各种移动设备访问资源，无边界地享受高品质的教育内容。此外，实时课程直播、回看功能及在线视频编辑或录制服务，都为师生带来了便利。

在提升教学管理方面，利用智能数据收集与反馈系统，结合用户画像技术对学生的学习成效、日常学习表现和线上学习情况进行深入分析，从而优化学习监控机制，为学生提供量身定制的学习支持。通过上述策略的实施，高校能够塑造一种充满智力探索和科技感的学习氛围，有效提高学生的学习质量。

在人工智能背景下，高校应创新人才培养方式，抓住现代化技术创造的教育发展机遇，以便更好地适应时代发展的趋势。为培养符合人工智能需求的人才，高校应坚持“以学生为本”的理念，优化人才素质结构，帮助学生培养多样化的个人创造力，指导学生明确职业规划，大力引进先进技术，打造训练有素的师资团队，营造具有浓厚科技气息的校园环境，全面提升学生的技术素养、专业技能、求职竞争力，让人才培养的步调与人工智能科技发展的节奏保持一致，从而提高高校教育水平。

第四节 智慧党建助推党建工作高质量发展

在“互联网+”时代，“智慧党建”的出现标志着新时代党建工作的开展方式取得新的突破，凭借数字信息技术集成性、实时性、敏捷性等特征，创建了包含地理信息系统平台、活动平台、监督平台等在内的九大多功能平台，建立了能够收录党员、干部、党组织、人才、考核、学习[①]等多种信息的核心数据库系统，让各单位通过多样化的应用终端开展和参与党建工作，满足了党员多元化的工作和学习需求。对此，高校应积极拥抱大数据热潮，在“智慧党建”的支持下推进党建工作高质量发展，促进党员教育求新求变。

一、“互联网+”时代高校应用智慧党建开展党建工作的重要意义

（一）强化思想道德建设，提升党员的政治觉悟

“互联网+”时代，高校运用智慧党建开展党建工作的做法能够加强党

① 毕丹：《新时代“智慧党建”视角下高校党员经常性教育的机制探讨》，《上海党史与党建》2020年第7期。

员思想道德建设，提升党员的政治觉悟。一方面，党员能够通过智慧党建的多功能平台实时接收有关党建的理论、政策、重大会议精神指示等内容，坚定正确的“三观”，在日常行为中更好地践行党的要求，培养更纯粹的政治信仰。另一方面，高校党员可学习到具有深刻教育意义的内容，如共产党的优良传统、光辉历程、道德模范事迹等，能够强化自身的初心和使命意识，并将其转化为坚定信仰和实际行动，为实现中国特色社会主义事业的伟大目标而不懈努力，从而进一步增强党性修养。

（二）推动教育模式革新，完善教育功能

“互联网 +”时代，高校运用智慧党建开展党建工作的做法能够革新教育模式，完善教育功能。一方面，高校党员可以获得个性化学习体验，根据自身的兴趣、学习节奏和时间安排选择学习内容，运用线上渠道学习、参与考试评测，增加学习的便捷性。不仅如此，也可以进行互动与合作学习。通过学习平台，党员能够相互讨论、答疑，分享学习心得和经验，这能够促进思想碰撞，加深对党建知识的理解。另一方面，党员可以通过多功能平台、数据库系统等优化教育资源分配，接收到广泛和有针对性的学习资源，确保教育更精准和有效。[①] 同时，通过多样化的学习方式，党员的思维能力、创新能力、合作能力都有所提升，体现了教育功能的多元化。

（三）规范党组织管理，加强教育监督

“互联网 +”时代，高校运用智慧党建开展党建工作的做法能够规范党组织管理，加强教育监督。一方面，党组织能够利用多功能平台、数据库对党员的学习情况、党组织的工作和活动情况进行记录、反馈、评估，更科学

① 熊光清：《习近平网络社会治理思想研究》，《社会科学家》2017 年第 12 期。

地制定教育计划、安排活动，有效监控和改进党员的学习情况。另一方面，在智慧党建平台的支持下，通过线上发布教育公告、通知、文件等，推进教育进度，减少信息传递的时间和成本，有助于实现数字化、精细化管理。

二、当前高校党建工作存在的问题

（一）平台内容质量有待提高

智慧党建平台提供的党建内容质量有待提高。虽然平台涵盖了丰富的党建知识和理论，但是一些内容不准确、不深入。这些不严谨和缺乏权威性的内容可能误导党员，阻碍他们深入理解党的理论，进而影响党员的学习效果，还可能导致党员对教育内容的兴趣减退。

（二）技术应用不平衡

党建工作存在技术应用不平衡的问题，主要体现在三个方面。一是一些欠发达地区的学校由于缺乏技术基础设施和资金，很难大力投入智慧党建平台的建设。二是一些基层党组织因缺乏技术设施支撑，如计算机、网络设备等①，无法顺利地使用智慧党建平台。三是有些学校缺乏相关的人员培训和指导，党员和党组织无法充分了解和使用智慧党建平台的功能，限制了平台功能的发挥。

（三）参与度不足

尽管智慧党建平台提供了便捷的在线学习和考试评测功能，但一些党员在学习时缺乏足够的主动性。部分党员可能因为学习负担、学习动力不足或其他

① 冯荣：《为“互联网 + 党建”插上创新的翅膀》，《人民论坛》2018 年第 9 期。

因素，对在线学习持较为消极的态度。这导致了学习参与度不高，许多党员只是应付性地完成学习任务，未能真正吸收教育内容，不能让教育入脑入心。

（四）党建工作与现实的结合不紧密

高校党员的教育需要紧密结合实际工作、学习和生活情况，确保教育的针对性和实用性。然而，有时教育与党员的实际生活、学习相脱节，如侧重于党的历史和理论教育，较少涉及如何在校园中推动党建工作、如何参与社会实践活动等实际内容。这就使得教育陷入纸上谈兵[①]的困境，让党员难以做到技能迁移。

（五）党建工作形式单一

高校党员教育有时缺乏多样性和灵活性，形式陈陈相因，更多局限于传统的理论教学和在线“打卡”式学习[②]，缺乏创新性。同时，也没有充分考虑到党员与众不同的学习需求和学习习惯，这不利于党员获得良好的学习体验和感受，削弱了教育的效益。

三、“互联网 +”时代高校应用智慧党建助推党建工作高质量发展的具体实践路径

（一）审核与甄选内容，把控党建工作质量

高校应审核、甄选内容，严格把控党建工作质量，确保党员接受准确、正向、深刻的党建内容。

① 出自《史记·廉颇蔺相如列传》。

② 梁金枝：《以“两学一做”学习教育为契机从严开展党员教育——以兵团第二师为例》，《兵团党校学报》2017 年第 2 期。

其一，运用“智能化工具 + 人力”的模式①审核党建内容，保证信息的有效性。例如，利用数据的分析功能，定期对平台上的教育内容进行评估和排名，为质量优秀的内容提供更多曝光和推广机会。鼓励党员在智慧平台上举报不准确或错误的内容，并通过平台迅速修正，确保内容的实时优化。再者，利用大数据技术分析党员的浏览和反馈数据，从中发现教育内容中的问题和不足之处，据此优化平台上的内容，增加党建工作成效。与此同时，各学校召集校园内外的党建专家和资深党员，组建一支思想政治素质过硬的评审团队。通过线上会议、邮件讨论、实地交流等方式，共同探讨、评价党建内容的整体情况，以此作为筛选内容的标准，并以文字的形式总结和梳理，上传到智慧党建平台，以供高校党组织参考，从而保证内容的深度和权威性，让党员们受益。

其二，精选优质内容，让党员保质保量地学习。例如，向党员贯彻党的基本理论，比如马克思主义原理及马克思主义中国化的理论实践成果，包括中国特色社会主义理论体系、党中央提出的重要精神指示和会议报告等，让党员具备扎实的理论功底。向党员传授党史知识，引导党员铭记初心和使命，继往开来。向党员讲述党风党纪、法规，让党员时刻坚守纪律底线。向党员讲述党建文化，传递党的文化价值观，了解如何参与党组织建设。向党员传播中华优秀传统文化知识，让党员学习古人创造的宝贵精神财富，如儒家正面的伦理道德思想、墨家“兼爱”理念等，提升党员的内在历史文化底蕴。通过高质量的党建内容，党员可以训练过硬的思政理论素养，坚定政治站位。

① 俞燕：《“互联网 +”背景下高校学生党建工作的实践探索——以大理大学为例》，《大理大学学报》2019 年第 7 期。

（二）投入与利用技术，发挥党建工作智能

高校、政府、社会应共同加大对智慧党建的技术支持力度，发挥党建工作的智能。

其一，政府和相关部门要设立专项资金，用于购置必要的技术设备。例如，购买计算机、平板电脑、网络设备等硬件设施，完善基础设施。不仅如此，政府可以与电信运营商合作[①]，为学校提供网络带宽的补贴和技术维护支持，降低网络接入费用，减轻地区和学校的经济负担，确保平台正常运行。

其二，针对技术应用相对薄弱的党组织和学校，开展具有针对性的培训。党建工作可以根据不同群体的需求进行分层次、分领域设计，包括基本的技术操作和更高级的技能培训。为了确保培训的实效性，可以邀请技术专家、高校教授等进行授课，引导党组织更好地掌握技术操作和应用技能。

其三，建立专业的技术支持团队，为技术应用薄弱地区和学校提供在线技术咨询和指导服务。党组织和学校可以通过电话、在线聊天、远程链接等方式随时寻求帮助，支持团队可以提供针对性的解决方案，及时解决技术难题，促进平台顺利运行。

其四，针对技术应用相对薄弱地区的学校，与技术公司、高校、科研机构等合作，共同推动平台的建设和维护。合作伙伴可以提供技术专业支持，参与平台的内容创作、技术更新等方面，共同提升技术应用水平，实现资源共享和协同发展。

其五，通过宣传和推广已经取得技术应用成功的党组织和学校案例，激发其他地区和学校的积极性。政府、媒体、专业机构可以联合开展推广活动，

---

① 陈宇嵚、蒋英：《高校智慧党建平台构建及优化策略研究——以江苏省某样板支部培育单位为例》，《华东科技》2023年第9期。

通过举办经验交流会、发表案例文章等方式，分享成功的经验和成果。这有助于其他地区和学校学习借鉴，提高技术应用的意愿和能力。

（三）挖掘和强化驱动，提高党建工作参与度

高校应采取各种方式增强党员的学习驱动力，引导党员踊跃参与教育。

其一，采取个性化学习，激发党员参与党建工作的兴趣。基于智能算法分析党员的学习偏好和历史学习记录，再利用大数据的归纳功能梳理出每位党员的学习爱好清单，据此通过智能平台为学生推送个性化的教育服务。例如，对于对党史感兴趣的党员，系统会推荐相关的党史教育内容；对于热衷社会服务的党员，系统会推荐与志愿服务相关的学习资源。通过满足每位党员的学习需求，提高学习的针对性和吸引力。

其二，建立奖励机制，激发党员接受教育的主动性。党员完成学习任务、参与讨论或互动后即可获得奖励。例如，在学习平台上设置积分区，通过积分兑换奖励①，可以在党组织活动中兑换特权，或者在个人学习页面展示获得的勋章，勋章可以证明党员在党建教育中的突出表现。通过正向激励，党员获得学习的动力。

其三，采取有趣的教育方式，吸引党员的眼光。实施游戏化教育，在学习平台中设计趣味性的小游戏、问答挑战等，实现寓教于乐，降低学习的枯燥性。运用故事化讲解法，在学习平台插入生动有趣的故事、案例、典型事例等，来辅助知识的讲授，使抽象繁难的理论变得“平易近人”，帮助党员吸收和理解教育内容。

其四，实施任务驱动，督促党员将学习提上日程。党组织设定学习任务，

① 符恒：《“双创”背景下高校智慧党建与思政教育一体化创新路径研究》，《陕西教育（高教）》2023 年第 11 期。

要求党员提交实际应用的方案。例如，学习了党的组织原则后，要求党员在自己所在团组织中实际运用这些原则，之后撰写心得体会，作为常态化的党务工作内容。此外，也可将学习情况纳入党务工作考核体系中，作为评判党员落实组织任务、思想品德的标准之一，并将考评结果置于党员档案中，引起党员对教育的足够重视。

（四）联系和结合实际，增强党建工作实效

高校党建工作应当密切联系实际，让教育实事求是、回归社会生活。

其一，运用实际案例，创设理论联系实际的情境。例如，在党建工作中引入具体的真实案例，分享一个党支部在组织生活会上遇到的典型问题，动员党员思考，通过分析、讨论提出解决方法。以此类推，再提供不同类型的案例，涵盖各种问题情境，让党员逐一提出解决方案，更好地理解并应用所学知识。

其二，定期实地考察，推动教育“走出去”。党组织定期安排实地考察活动[①]，如要求党员亲身参与社区服务、扶贫活动等。具体来说，在学习了民生平台的使用方法后，党员可以向社区宣传使用智慧民生平台的方法，分享多种功能，教会居民学会在网上办事、发表意见等，实实在在地帮助人们分忧解劳，宣传信息技术的优势，从而将理论转化为实际能力，提高党员的实践能力。

其三，根据党员的专业背景、社区需求，为党员量身定制实践项目。[②]例如，针对法学专业的党员，可以设计与法律宣传、法治建设相关的项目，比方说社区法律讲座。之后，设计完整的项目计划，包括明确项目目标、任

① 王建专：《高校智慧党建一体化平台设计与研究——以云南国防工业职业技术学院为例》，《云南开放大学学报》2023 年第 1 期。

② 解海燕：《“互联网 +”时代高校智慧党建理论模型构建及路径探索》，《活力》2023 年第 5 期。

务、时间表和责任分工。党员通过平台学习相关知识，然后将所学内容应用于具体的普法活动中。项目结束后，党员要撰写实践报告，详细描述项目过程、所取得的成果和遇到的挑战，帮助党员反思和提升自我。最后，再通过学校官网、学习软件、微信公众号等终端平台对外宣传成果，接受社会评价和反馈，让党员真切感受到自己为社会做出的贡献，增强自豪感和责任感。

（五）丰富和创新形式，增加党建工作活力

高校应当创新党建工作形式，为党建注入全新的活力。

其一，实施多样化的方法，吸引党员的注意力。同时进行线上授课、线上讨论、线上直播、角色扮演、社交化分享等。以加强组织生活会的教育为例，党组织可以邀请优秀的党建专家、学者进行线上讲座和直播，讲解党建知识、党史故事。与此同时，党员可自发组织“线上 + 线下”小组讨论活动。在线下，设立主题讨论会，围绕所学的内容展开互动讨论，交流心得体会，彼此交换见解。在线上，党员可将自己的学习心得、体会分享在平台上或社交媒体上，通过点赞、评论等社交互动，增加党员的参与感和成就感。

其二，创新科技应用，创造新颖的教育载体。利用虚拟现实技术，模拟实验和场景，如模拟党内会议、社区服务活动、组织活动等，体验会议的组织、讨论和决策过程，更深入地理解党的内部运作。通过 AR 应用在真实环境中进行角色扮演，与虚拟角色互动，如领导小组讨论、政策制定过程等，提升党员的实际操作能力和领导力。使用虚拟现实技术，将党员带入党史重要场景、红色教育基地、历史遗址等地，进行虚拟参观学习，深入了解历史事件、英雄事迹等，增强历史文化认同感。

其三，实施混合式教学模式[①]，为党员提供学习方式。例如，实施全天候自学。在智慧党建平台上设置线上学习课程，让党员可以根据自己的时间和进度进行学习，通过在线视频、文档、测验等方式获取知识。进行文艺创作，鼓励党员通过文学、音乐、绘画等形式创作表达党建主题，如举办文艺会演、创作比赛等，将党员的创意与党建教育相结合，使教育充满艺术气息。

在“互联网 +”时代，高校应用智慧党建开展党建工作的做法是适应时代发展的必然需求。通过“智慧党建”提供优质党建工作内容、应用先进技术辅助党建工作、强化党建驱动、密切党建与实际生活的联系、创新党建工作形式等方式，全面增强党建工作的针对性和实用性。今后，高校要继续大力推行智慧党建平台，并努力探究多样化的实践路径，为培养更优秀的党员队伍提供有力支撑，为党的事业持续发展注入新的活力和动力。

① 叶祖斌：《基于人工智能技术下高校智慧党建的创新源泉发掘》，《数字技术与应用》2023 年第 11 期。

第五节　创新教学管理路径

随着信息技术的不断发展与普及，“互联网 +”时代为高校教学管理带来了新的挑战与机遇。现代教育管理需要在“互联网 +”背景下实现转型升级，以满足教学管理的新需求。“互联网 +”时代高校教学管理创新路径研究给提高高校教学质量、提升管理效率和服务水平等带来重要的价值。在这一背景下，探讨和挖掘“互联网 +”时代高校教学管理的创新路径，能够为高校教学管理提供展望和策略，具有重要的现实意义和深远的影响。

一、“互联网 +”时代背景下高校教学管理的挑战

（一）信息化需求增加

学生、教师和管理者对信息化的需求不断增加，他们期待利用先进的科技手段提升教学效果和管理效率。因此，传统的教学管理方式已经无法满足信息化的要求，必须寻求新的适应信息化发展的教学管理模式。针对当前的信息化需求，高校需要积极探索先进的教学管理模式，包括但不限于基于大数据的个性化教学、在线教学平台的建设以及智能化管理系统的引入。

这些新模式和技术的应用将为教育行业带来更为高效、个性化的教学与管理体验，从而满足不断增加的信息化需求。因此，高校在引入这些新模式和技术的同时，也需要注重教师和管理人员的信息化能力培养，以适应新形势下的教学与管理需求。同时，还需要加强对学生信息化素养的培养，以确保他们能够熟练应用新技术进行学习和创新。

（二）教学资源管理困难

高校教学资源丰富，管理起来相对困难，如何实现资源共享和优化利用是当前亟须解决的问题。针对这一问题，一些高校已经开始尝试建立更加高效的资源共享平台，以促进资源的优化利用。然而，尽管取得了一些进展，但依然需要更加全面和系统的解决方案来应对这一挑战。为了更好地应对挑战，高校可以考虑引入先进的资源管理系统，包括人工智能和大数据技术，以实现资源的智能分配和管理。通过这样的全面解决方案，可以更好地促进高校教学资源的优化配置与利用。

高校还可以建立定期评估和反馈机制，以量化资源利用效率并及时调整。同时，可以借助教学数据分析，确保资源配置与实际需求的有效匹配，从而最大限度地提升教学质量与教育效益。高校还应该积极探索教学改革和创新，引入先进的教学理念和技术，不断提升教学方法和手段的有效性。此外，还可以加强师资队伍建设，鼓励教师参与教学能力提升培训，并注重激励机制的建立，以激发教师的教学热情和创造力。

（三）教学质量评估不足

传统的教学质量评估方式存在主观性和局限性，应建立科学、客观的评估体系。当前教学质量评估的不足之处凸显出了教育体系中的某些关键挑战。传统评估方法往往难以全面捕捉学生的真实学习情况，特别是在考察他们的实际知识应用和综合能力方面存在一定的局限性。因此，要构建一个更加全面、客观的评估体系，高校就需要积极探索使用多元化的评估手段，包括项目作业、实际案例分析和学科竞赛等，以便更准确地反映学生的学习成果、能力与水平。同时，也需要加强对教师评估方法的改进，确保评价体系更加公正、科学、有效，以推动教育质量的持续提升。此外，应当注重学生的非认知能力评估，如创造力、团队合作和领导力等方面的评估，以全面了解学生的学习成果和综合能力。

鼓励教师采用定期反馈机制，及时调整教学方法和内容，促进学生成绩与实际能力匹配，从而更好地提高教学效果。高校建立的多元化评估体系，还应包括课外活动、社会实践、实习经历等方面的评估，以全面评价学生的综合素质和能力。只有这样才能更好地激发学生的潜能，培养出更全面发展的人才。为了实现多元化的评估体系，高校需要建立起与之相适应的教学模式和课程设计。这将为学生提供更广泛的学习机会，激发他们在不同领域的潜能，并使他们在综合素质和能力上得到更全面的提升。

二、“互联网+”时代高校教学管理的创新路径

（一）建立信息化教学管理系统

高校可以借助互联网技术建立信息化教学管理系统，实现教学资源的集中管理、教学过程的监控和评估，提高教学管理的效率和质量。通过信息化教学管理系统，高校能够实现教学过程的数据化分析和管理，借助大数据和人工智能技术对教学过程进行更加细致的监控和评估，提高教学管理的科学性和精准度。在现代高等教育的背景下，信息化教学管理系统的应用将进一步促进教学质量的提升和教学过程的优化。其数据分析和管理功能能够帮助学校更好地把握教学效果，促进教学过程不断改进和优化，从而更好地满足

学生个性化的学习需求。

信息化教学管理系统还能够为教师提供更多的教学资源和教学工具，帮助其更好地设计教学内容和教学方式。这种个性化的教学模式将有助于激发学生的学习兴趣，提高他们的学习积极性，促进教学个性化发展和教学质量。① 教师还可以通过信息化教学管理系统实时跟踪学生的学习进度和表现，从而及时调整教学策略，针对个别学生的学习特点进行针对性指导，提高教学效果。此外，系统还可以为教师提供数据分析和反馈，帮助他们更好地评估学生的学习情况，为个性化教学提供科学依据。通过信息化教学管理系统的使用，教师可以更好地了解学生的学习需求和问题，有针对性地调整教学内容和形式。同时，系统所提供的学习数据和反馈也为教师提供了更多的参考和支持，使得教学更加科学、精准。

（二）推动教学资源共享

高校可以建立教学资源共享平台，实现教学资源的共享和交流，促进教学资源的优化配置和利用，提高教学效果。高校可以通过建立在线教学资源库，允许教师上传和分享优质教学资源，实现资源的共享与交流。此外，还可以建立评价机制，鼓励教师分享创新的教学方法和案例，从而不断丰富教学资源的多样性，并提高教学效果的整体水平。通过开展教师之间的教学经验交流活动，促进教学技能的提升和教学理念的更新，进一步促进教学资源的创新和共享。

建立学生评价系统，让学生参与对教学资源的评价和反馈，以确保教学资源的质量和有效性。还可以建立跨学科的教学团队，促进教师之间的合作

① 殷洁：《分层教学法在高中数学教学中的应用》，《第九届创新教育学术会议论文集——教学实践篇》2023 年第 11 期。

与交流，借鉴不同学科的教学方法和理念，以促进教学的多元化和整体性。通过开展定期的教学观摩和评课活动，激发教师的教学热情，激发教学的活力和创造力，为教学资源的优化提供更广泛的渠道和机会。

高校应该加强对教师的专业发展支持，建立健全培训机制和评价体系，提高教师的教学水平和教学理念，为教学改革提供有力保障。同时，加强对教学方法和技术的研究，不断更新教学手段和工具，以适应当代学生的学习需求和教学环境的变化。在教学方法和技术的研究方面，高校可将重点放在创新教学模式上，如引入现代科技手段，探索线上线下结合的教学方式，以提升教学效果和学生参与度。同时，还可以加强教师之间的教学经验交流和分享，促进教学成果的互相借鉴和提升，以期构建更加富有活力和创新性的教学体系。

（三）建立科学评估体系

高校可以建立科学、客观的教学质量评估体系，借助大数据和人工智能技术对教学质量进行评估和分析，为教学管理决策提供科学依据。在这一评估体系中，高校可以利用学科交叉的方式，融合跨学科的多元评估指标，以全面、多角度地评价教学质量。同时，还可以引入行业专家和社会各界的参与，以确保评估的客观性和权威性。

在这一评估体系中，高校可以通过建立全面的数据收集和分析系统，从而更加科学地评估教学质量。此外，还可以借鉴国际先进的评估方法和经验，不断完善和提升评估体系的水平，以适应教育发展的需求。高校在建立全面的数据收集和分析系统的基础上，还应加强对教师教学水平和学生学习效果的评估。只有通过全方位的评估，才能更好地发现问题并提出改进建议。评估体系的不断完善也需要充分考虑到教育发展的多样性和个性化需求。在评估体系的不断完善过程中，我们需要充分利用先进的技术手段，构建更为精准和多维度的评价体系，以真实反映教学和学习情况。

在个性化需求方面，也应考虑到学科差异、学生生活背景等因素，确保评估体系更具针对性和实效性。在这一过程中，我们必须充分利用数据分析和机器学习等先进技术，以更精确地捕捉教学过程中的实际情况，并为教师和学生提供个性化的支持和指导。只有这样，评估体系才能真正成为促进教育公平和个性化发展的有力工具，为教育教学的不断改进和进步提供有力支持。

（四）强化教师培训和支持

高校可以通过“互联网 +”技术开展在线教师培训和支持，提升教师的教学水平和教学管理能力，推动教学管理的创新和发展。在实施在线教师培训的同时，高校还可以建立师资培训的长效机制，引入国际化的教学理念和方法，为教师提供更广阔的成长空间和专业交流平台。通过提供更多的教学资源和学术支持，可以进一步培养教师的跨学科教学能力，推动教育教学的全面发展。

为了构建长效的师资培训机制，高校可以加强国际合作交流，邀请国外顶尖学者进行学术讲座和指导，以拓宽教师的学术视野和教学思路。同时，建立定期的教学评估和课程改进机制，以确保教学质量得到持续提升，从而提升教师的教育教学水平和综合素养。此外，高校还可以制定个性化的师资发展计划，为教师提供多样化的专业发展机会和资源支持，促进其教学能力和学术研究水平的综合提升。

通过持续的专业培训和学术交流，教师将能够更好地适应教育变革和学科发展的需要，为学生提供更优质的教育服务和引领。在这个个性化的师资发展计划中，高校可以着重培养教师的跨学科教学能力和创新思维，以更好地应对现代教育的多样化需求。通过引入国际合作项目和交流机会，教师们能够接触到最新的教育理念和教学方法，从而为学生提供更丰富、更开放的学术资源和视野。

高校还可以通过邀请外部专家组织教学讲座和工作坊，促进教师之间的学术交流和合作。这种师资发展计划不仅有助于提升教师的专业水平，也为学校构建了一个更加开放、有活力的教学环境，从而推动教育教学的不断改进与创新。

（五）倡导教学管理创新文化

高校可以倡导教学管理创新文化，鼓励教师和管理者积极探索教学管理的新模式和新方法，推动教学管理的不断创新和提升。高校可以建立教学管理创新平台，提供教师和管理者分享经验的机会，促进教学管理理念的交流与碰撞。同时，建立创新教学管理案例库，为教学管理者提供实践借鉴和参考，推动教学管理文化的持续创新和发展。

高校还可以通过引入先进的教学管理理念和技术手段，如数据分析、人工智能等，来提升教学管理的科学性和智能化水平。这样的举措将有助于高校教学管理工作的现代化转型，并为未来教育的发展奠定坚实基础。高校还可以建立多学科交叉的教学团队，促进教师之间的合作与交流，从而增强教学互动与课程设计的多样性，为教师提供更多展示与实践的机会，从而不断提升其教学素养与学术研究水平。

高校还应加强与行业的合作，促进教学与实践相结合。引入行业专家和企业实践项目，为学生提供更具实践性的教学内容，培养学生解决实际问题的能力。[①] 这种跨界合作不仅能够拓宽教学领域，也有利于学校师资队伍的专业成长和学术研究的深入发展，促进高校与社会的深度融合，帮助学生更

① 高哲、李亚：《“互联网 +”背景下高校创新创业教育课程体系改革研究》，《佳木斯职业学院学报》2024 年第 2 期。

好地了解行业需求和科研前沿，从而使他们在求职和未来发展中具备更强的竞争力。

三、“互联网+”时代下创新教学管理的效益分析

（一）提升教学管理效率

随着信息化教学管理系统的建立，高校能够实现教务、学籍、课程安排等数据的快速处理和查询，在这个系统中，烦琐的手工操作被自动化流程取代，大大缩短了管理时间，提升了工作效率。原先需要耗费大量时间和人力进行教务管理的任务，现在只需轻点鼠标即可完成。教职工再也不用为处理海量数据而疲惫不堪，可以将更多精力投入到教学和科研工作中。

此外，该系统还具有数据分析和挖掘功能，能够为学校提供有力支持。通过分析学生的学习成绩、课程满意度等数据，教育工作者可以深入了解教学现状，发现潜在问题，并据此调整教学方案。这样一来，不仅提高了教学质量，还为学生提供了更加个性化的教育体验。在学籍管理方面，信息化教学管理系统使得学生的基本信息、学籍变动等数据一目了然。这不仅方便了教务工作人员进行学籍审查，还有助于及时发现和纠正学生的违规行为，保障校园秩序。同时，系统还可以自动生成各类学籍报表，为学校提供决策依据。

在课程安排方面，该系统能够根据教师、教室和课程资源的情况，智能优化课程时间表。这不仅避免了课程冲突，还确保了教学资源的合理利用。系统还可以根据学生的选课情况，实时调整课程容量，以满足更多学生的学习需求。随着信息化教学管理系统的建立，我国高校实现了教学管理的现代化、智能化，为教育事业的发展注入了新动力。在这个系统的助力下，高校将不断创新教育教学模式，培养更多优秀人才。

（二）优化资源配置

通过教学资源共享平台的搭建，各高校之间可以互相借鉴优秀教学资源，避免资源的冗余浪费，同时为师生提供更加丰富多样的学习内容。在这个过程中，一所高校的优秀教学资源可以迅速传播到其他高校，实现教育资源的公平共享。教学资源共享平台还可以帮助各高校避免资源的冗余浪费。在过去的教学中，各高校往往独立开发相似的教学资源，这不仅浪费了人力、物力，还可能导致教学质量参差不齐。通过共享平台，各高校可以集中精力开发独具特色的教育资源，再把优质资源上传至平台，实现教育资源的整合与优化。

教学资源共享平台为师生提供了更加丰富多样的学习内容。平台上汇集了各高校的优质课程、实验方案、教学大纲等资源，师生可以根据自己的需求选择合适的资源进行学习和研究。此外，教学资源共享平台还有利于推动教育教学改革。在平台上，教师可以相互借鉴优秀的教学方法，探讨教育教学的新思路。总之，教学资源共享平台的搭建有助于实现教育资源的优化配置、避免冗余浪费，同时为师生提供更加丰富多样的学习内容，促进教育教学改革。

（三）培育创新氛围

倡导教学管理创新文化，鼓励教师和管理者勇于尝试新的教学方法和管理手段，营造一个开放、包容、创新的教育环境。在这个环境下，教师能够充分发挥自己的创意，探索更为有效的教学策略，以满足学生多样化的学习需求。① 通过引入现代教育技术，如在线教学平台、虚拟现实等技术，教师

① 张将：《高校管理信息化问题与对策研究》，山东大学，2021 年。

可以突破传统教学模式的束缚，为学生提供更加生动、实践性强的课程。学生也得以享受到更为丰富多样的学习体验。《新时代教育现代化 2035》明确提出，要推进教育现代化，加强教育创新能力，培养具有创新精神、创业能力的人才。高校也要积极行动，加大对教学管理创新的投入和支持力度，使教师和学生都能够获得更好的成长和发展机会。

在“互联网 +”时代，高校教学管理者和教师需要更加积极地推动教学改革和创新，不断提升教学质量和水平。通过加强教学评估和课程建设，促进教学资源的合理配置，全面提升教学管理工作的质量和水平。在课程建设方面，高校可以注重开设符合时代需求和学生兴趣的新课程，提升教学资源的多样性和实用性，以更好地满足学生学习的多样化需求。在教学方法上，高校还可以采用多元化的教学手段，如项目式教学、实践性教学和跨学科教学，以激发学生的学习兴趣和创造力。此外，高校还可以加强与企业、科研机构的深度合作，借助企业和科研机构的资源，实现资源共享、优势互补，推动优秀科研成果的转化和应用，进而促进社会产业的升级和创新发展，为国家社会经济的可持续发展贡献力量。

第四章

“互联网+”技术在高校教育管理中的应用现状

“互联网 +”技术在高校教育管理中的应用，为高校教育管理带来了诸多便利和效率提升，成为高校教育管理的重要支撑。“互联网 +”技术为高校教育管理提供了更便捷的信息化平台，带来了更丰富的教学资源，提供了更智能化的决策支持，不仅提高了管理效率，优化了资源配置，还为教学提供了更多可能性。高校应不断深化“互联网 +”技术与教育管理的融合，充分利用其优势，推动高校教育管理水平的不断提升，然而也要看到高校在推进“互联网 +”技术应用的过程中还存在一些问题和挑战。

第一节 技术应用现状分析

一、高校网络设施建设

随着信息化技术和互联网的快速发展，高校网络设施的建设日益成为支撑教育教学工作的重要基础。高校网络设施建设的现状分析是评价教育信息化水平的关键环节，对优化教育资源配置、提高教育质量具有深远影响。本书针对“互联网 +”时代下高校网络设施建设的实际情况进行了多维度的实证分析，旨在揭示网络设施建设对于高校教育管理模式的深层次影响。

在网络基础设施方面，当前高校普遍建立起覆盖校园内外的宽带网络系统，配备先进的路由器和交换机，确保网络的稳定性和高速性，满足师生日益增长的网络需求。校园网带宽已从最初的几兆升级到当前的几千兆甚至十几千兆，以适应海量数据传输的压力。此外，大部分高校还布置了无线接入点，实现了无线覆盖区域的全面拓展，便于师生在校园内的任何地点接入互联网学习和工作。

高校教育管理信息系统运用也趋于成熟，如教务管理系统 EduAdmin 现已广泛应用于课程安排、选课、成绩登记等教学管理工作中。通过系统的完善和技术的升级，此类管理信息系统为实现精细化教学管理和资源优化配置提供了有力支撑。学生信息系统 PowerSchool 等方便了学生成绩查询、个人信息管理等，提升了教育管理的效率和透明度。

数字化教学资源的建设也是高校网络设施不可忽视的一环。电子图书馆和在线课程资源库如 Coursera、edX 使得海量的教育资源得到共享，为学生自主学习提供了丰富多样的学习材料。这一现状充分体现了“互联网 +”模式下，信息技术在高校教育中的深刻影响。①

进一步地，高校还应利用现有的信息化设施推进更多元的智慧教学项目，如利用大数据分析学生学习行为，以提供更加个性化的辅导与教学方案。这些都显示出“互联网 + 教育”的模式对传统高校教育管理实践产生了革命性的影响。②

然而，尽管信息化设施已经取得显著进展，“互联网 +”时代下的高校教育管理仍面临诸多挑战。其中，网络设施建设的不均衡性仍是制约教育公平性的一个重要因素。如何确保教育资源的均等可达，平衡不同地区、不同背景学生的信息化教育服务，这对高校的网络设施建设提出了更高的要求。此外，随着网络技术的飞速发展，更新换代的速度不断加快，高校如何合理规划和有效地投资，成为确保网络设施可持续发展的又一难题。

总体而言，高校网络设施的建设和应用，不仅能够推动教育资源的共享与创新，同时也为实现新时代下教育改革开放提供了技术保障。高校需根据自身的实际情况，不断优化网络设施建设，按照“互联网 + 高等教育”的要求，打造符合现代教育需求的智能化校园，以推进高校教育管理向着智能化、

① 沈金科：《高校教学管理信息化建设的现状与发展趋势》，《文存阅刊》2021 年第 1 期。

② 张亚红：《高校教学管理信息化建设推动教育信息化发展的研究》，《现代职业教育》2023 年第 24 期。

精细化和高效化方向发展。[①] 未来研究可深入考察信息化对教育公平性的潜在促进作用以及教育资源分配优化的可能性，探究基于信息技术的教育治理机制创新，为理论与实践提供更加科学、合理的指导。

二、教育管理信息系统运用

随着高等教育信息化的不断深化，教育管理信息系统的应用日渐广泛，对于提高高校教学管理的效率和质量具有重要作用。目前，国内众多高等学府已经构建起以校园网络为平台的综合教务管理系统。这些系统集成了学籍管理、课程安排、成绩评定、教学资源共享等功能模块，为教师和学生提供了高效便捷的服务，实现了教育资源的优化配置，保障了教育公平，并显著提升了教学管理的透明度。[②]

在探究教育管理信息系统的实际运用情况时，首要考虑的是系统的功能实现程度。通过对不同高校教务系统的比较研究，如 EduAdmin、PowerSchool 等，笔者发现这些系统通常包括在线选课系统、成绩管理模块、教学评价系统、电子档案管理等，而部分系统还融入了辅助决策支持系统，为学院管理层的政策制定和教学资源调配提供数据支撑。通过数据挖掘技术的应用，教育管理信息系统不仅可以提供常规的教学日常管理服务，还能够对学生的学习行为和成绩发展趋势进行分析预测，助力教师进行个性化教学设计。

当前，在高校教育管理信息化的进程中，智能化是一个不可逆转的趋势，智能推荐系统、自适应学习平台等应用逐渐体现出其潜力。利用人工智能、

① 吴华：《高校教学管理信息化建设探索》，《科教导刊》2020 年第 35 期。

② 毕超：《高校信息化管理系统的设计及实现》，《电子技术与软件工程》2017 年第 2 期。

大数据分析等先进技术，教育管理信息系统正从简单的信息记录、处理工具转变为能够主动提供决策支持、个性化服务的智能系统。例如，一些高校采用智能机器人完成学生常见问题的自动答复，通过学习分析学生提问的数据来不断优化回答，提升服务质量。

然而，教育管理信息系统应用的现状分析也揭示了系统运用中存在的一系列问题，如系统稳定性、用户体验、信息安全和隐私保护等方面还有待进一步完善。在系统建设的初期，部分高校未能充分预测到用户使用行为，导致系统在实际运行中无法完全满足教师与学生的多元化需求。同时，随着智慧校园建设的提速，教育管理信息系统对网络基础设施的依赖性不断增加，如何确保网络的高速稳定以及信息存储的安全成了不容忽视的问题。此外，个性化服务和数据分析决策的过度依赖可能潜藏着泡沫化教育管理和决策失误的风险。

在对教育管理信息系统的现状进行深刻剖析的基础上，未来的研究将更多关注系统的迭代升级和功能拓展。如今，多数高校的教务系统均已接入校园一卡通、移动学习应用程序等平台，为师生提供“一站式”服务，并逐步集成校内外的教育资源，实现资源共享、教学互动、学术交流。① 高等教育管理信息化将以实现教育公平、优化资源配置、提高教学质量为核心目标，争取在“互联网 +”大背景下实现教育管理的卓越转型。

三、教学资源数字化现状

在“互联网 +”时代，高校教学资源的数字化转型已成为提高教育质量和教学效率的关键策略。通过系统化的数字化过程，教学材料从传统的纸质

① 吕波：《“互联网 +”时代高校法学教育的应对》，《黑龙江高教研究》2017 年第 11 期。

格式向电子格式转换，实现了随时随地、多终端的访问，极大地拓宽了知识传播途径，加速了知识共享的步伐。在本书中，针对教学资源数字化现状进行了深入的调查分析，旨在掌握数字化程度、教育技术的应用，及其对学习体验和学术成果的影响。

通过对综合型、科研型、应用技术型等多类型高校的教学资源数字化现状进行评估，研究显示，各高校已建立起内容丰富、覆盖广泛的数字图书馆和在线学习平台。这些数字化教学资源包含了电子书籍、电子期刊、学术论文以及丰富的多媒体教学视频和课件，其数量和质量正逐年增长，为师生提供了极具价值的参考和学习材料。这一现状显著提高了传统教学材料的可达性和灵活性，促进了教与学的价值最大化[①]。

此外，教学资源的数字化不仅仅局限于知识内容的电子化，互动性也日益强化。依托先进的信息通信技术，如云计算和大数据，不仅增强了教学材料的呈现和传播能力，还使教师可以基于学习数据对教学过程进行实时调整，从而推动了学习分析（Learning Analytics）的发展，实现了教学个性化和精准教学。这表明高校教学资源的数字化可以有效支持"以学生为中心"的教学范式转型，符合当下高教研究与实践的新方向。

考察广泛的数字化教学案例，可以看到虚拟实验室、在线模拟实验等数字技术的普及，为学生提供安全、便捷且费用较低的实验条件，弥补了地理位置和物理空间对教学的限制。同时，采用电子书包和智能移动设备，也极大地丰富了学生的学习方式和体验，满足了多样化和个性化学习需求。

从数字版权管理到信息组织、用户反馈机制，高校在教学资源数字化实践中表现出系统性和战略性的规划。这不仅反映了高校对教育信息化建设重要性的认知，也体现了在数字化时代推进教育管理现代化的决心。然而，随

① 龙建斌：《高校教学管理信息化研究》，《信息通信》2017 年第 10 期。

着数字化资源的增多，也出现了一些挑战，如数字资源的整合、版权保护、信息安全、技术更新等问题亟待解决。

在未来，在继续促进教学资源数字化的同时，建议高校应该更加注重资源平台的整合优化、智能化推荐系统的开发，以及数字化资源的版权保护和用户隐私保障策略。这些措施将加速教学资源的有效传播，优化教育管理，进一步促进高校教育的现代化、国际化。在这一过程中，综合运用数据分析软件和机器学习技术也将成为高效、精准推动教学管理信息化发展的重要工具和方法。因此，高校需提供员工及学生必要的培训，以确保数字技术的有效利用和教学资源数字化转型的顺利进行。

四、技术整合与平台化管理

“互联网 +”技术的迅速发展正在深刻改变高校教育管理模式，逐步构建起一套更加高效、便捷的管理体系。在这个过程中，技术的整合与平台化管理成为推动高校教育管理创新的重要手段，也是当前高等教育信息化建设的关键环节。

随着互联网技术不断深入高校教育管理的各个方面，平台化管理不仅仅局限于传统的教育资源整合，更体现在教学、科研、学生事务等多元化信息服务的集成与优化上。技术整合平台，通过高度的数据整合能力，实现了学生信息系统、课程管理系统、网络教学平台等多个子系统的数据融合，克服了原有系统间“数据孤岛”的问题，为高校师生提供了全方位、“一站式”的教育服务。[①]

① 张长江：《互联网技术在化工专业学生管理工作中的应用——评〈互联网背景下高校学生管理模式创新研究〉》，《塑料工业》2021 年第 1 期。

目前，众多高校在建立统一的信息管理平台时，引入了云计算、大数据分析等新兴技术，实现教育资源的高效配置和使用。例如，利用云存储技术，构建教育大数据中心，既方便各类教育活动的数字资源存储和共享，又能通过大数据分析技术，对教学质量进行实时监控和评估，进而提升管理决策的科学性。同时，通过对用户行为数据的深入分析，高校还能对学生的学习成效、教学资源的使用效率等进行精准评价与持续优化。

平台化管理还体现在对教育过程全方位的数字支撑上。如在线课堂支持系统整合了教学计划、教材资源、作业评分及反馈等诸多功能，实现了优质教学资源的平等获取，同时为师生互动提供了便利的渠道，极大促进了学生自我驱动式学习的发生和深入。此外，管理层面的应用包括电子审批流程、人事管理数字化和资产智能监控等，显著提高了校园管理的效能和透明度，缩短了决策周期，也减少了人力、物力的浪费。①

面对日渐庞大的校园网络系统和信息化教学需求，高校必须加强对网络安全和信息保护的重视。构建多重安全防御体系和隐私保护措施，以应对潜在的网络攻击和数据泄露风险。同时，还需强化师生的网络安全意识和自我保护能力，确保“互联网 +”时代下教育管理的安全与稳定。

技术整合与平台化管理的推进，为高校教育管理带来了范式转变，倡导以学生为中心、以服务为导向的新型教育管理模式，打破了原有的行政推动型管理模式的局限，激发了学生和教师的创新活力，促进了高校教育教学水平的整体提升。随着高校对“互联网 +”技术应用的不断深化和完善，我们有理由相信，未来的高校教育管理将更加智慧、高效与人性化。

① 杨银付：《“互联网 + 教育”带来的教育变迁与政策响应》，《教育研究》2016 年第 6 期。

五、教学模式的创新与混合式学习的兴起

“互联网 +”技术作为高校教育管理革新的“催化剂”，正在引领教学模式的变革。在这一过程中，混合式学习作为一种创新的教学模式应运而生，它融合了传统面授教学与在线学习的优势，为高等教育管理实践带来了全新的思路和解决方案。

混合式学习的实质，在于利用信息技术赋能教育内容与方法的多元化，进而构建一个更加灵活、互动与个性化的学习环境。它不仅改变了传统的教学和学习模式，更是对教师与学生之间互动方式的一种革命性重构。在混合式学习的框架中，线上平台不只是课程内容的载体，更是教师与学生进行互动、讨论和协作的虚拟空间。

在技术支持方面，“互联网 +”技术提供了强大的数据处理和资源整合能力。这不仅体现在丰富多样的互动教学工具上，如实时在线问答、讨论板、互动视频等，还包括对学习进度、学习效果进行实时监测和反馈的系统。通过大数据分析，教师能够实时跟踪学生的学习行为，个性化地调整教学策略和内容，从而实现高效优质的教育管理。在教学资源方面，数字化资源库以其开放性和易获取性，为混合式学习提供了坚实基础。学习内容不再局限于教科书，涵盖了各种数字媒介，包括电子书籍、在线课程、虚拟实验室等。更重要的是，这些资源可以根据学生的具体需求和学习习惯进行个性化组合和调整，为他们提供更为适宜的学习路径。

值得注意的是，“互联网 +”技术在推动教学模式创新的同时，也提出了对高校教育管理人员的新要求。传统的管理模式和评价体系可能不再适应混合式学习的发展。管理人员需要具备一定的信息技术素养，能够理解和运用教学大数据进行决策支持。同时，高校也需要建立相应的组织结构和管理

制度，以促进资源共享，支持教师创新教学，并提供必要的技术和专业发展支持。

然而，混合式学习在实施过程中也面临着挑战。技术的引入可能会带来教师与学生之间面对面交流的减少，从而对学习成果和学生的社会交往能力造成影响。因此，高校在推广混合式学习时，需平衡线上与线下活动，确保学生既能享受到技术带来的便利，又不会失去传统课堂的互动与合作经验。

未来，高校教育管理的发展无疑将更多地依托于“互联网 +”技术，而混合式学习的兴起仅是必由之路上的一个里程碑。持续的技术创新与深入的教育研究必将引导教育工作者不断地探索和实践，以期寻找最适合学生发展和学科特点的教学模式，并为全球高等教育的发展贡献新的力量。

六、教育资源的均衡化与开放共享

在“互联网 +”技术引领下，高校教育资源均衡化与开放共享成为推动教育公平和提高教育质量的重要手段。教育资源作为教育体系中的基础支撑，需要适应数字化时代的发展，实现资源的数字化转型和高效利用。在这一过程中，“互联网 +”技术如何延展并增强教育资源的可取性和可及性，变成高等教育管理创新的关键要素。

首先，教育资源共享平台的构建是“互联网 +”背景下均衡化教育资源的基础工作。通过建设全国性的教育资源共享平台，实现优质教育内容的网络化、数据库化，为各地高校师生提供易于获取的学习资源。这不仅包括传统的课程视频、讲义、习题集，而且涵盖各学科的最新研究进展、前沿学术报告、实验操作指南等多元化内容。如此丰富的资源库，可供师生自主选择，依托大数据推荐技术，实现对接个人学习需求与兴趣点，从而拓宽学生学习视野，改善学习体验。

进一步地，高校间的教学资源共享合作正在开展。高等教育机构积极参与教学资源共享协议，跨校区共享师资、开发优质课程，以及联合进行学术研究活动。此类合作不受地理边界限制，网络平台的运用打破了时空的束缚，实现了资源的最优配置和循环利用。优秀教育资源能通过网络平台迅速传播，甚至形成品牌课程，彰显高校特色，增强学术影响力。

考虑到不同高校及地区在教育资源获取上的不均衡问题，教育资源的开放性亦成为教改的关键路径。随着5G、云计算等技术的应用，教育资源的开放共享不再仅限于简单的资源传递，而是更多地融入智力支撑、远程协作、跨地域联合培养等多维度的合作模式。这为偏远地区和资源较缺乏的高校带来了发展的新机遇，提升了教育资源获取的公平性与有效性。诸如云端实验室、在线研讨会等创新应用，正逐渐成为资源共享策略中不可或缺的组成部分。

更重要的是，资源共享还须注意知识产权保护与质量控制问题。在全流程中，版权保护机制的建立与实施至关重要，确保教材作者、课程开发人员等知识产权的权益得到尊重和保障。同时，确保共享资源的质量，引入专业团队进行评审、校验和更新，保证教育资源的权威性、准确性和前沿性。①细节化操作需要多方协作，包括技术支持、法律顾问、教学专家等共同参与，进一步完善资源共享平台的功能，实现对教育资源的精准管理和动态更新。

在整体策略部署上，“互联网+”技术提供了借助技术手段实现教育资源均衡化与开放共享的可能。高效的技术运用不仅加速了教育信息化的步伐，而且有力地推动了传统教育理念向现代教育理念的转变，鼓励了高校之间的合作与交流，极大地促进了教育管理模式的创新与发展。这一转变反映在对教育资源的均衡化配置和开放共享需求上，其背后是高校管理者对教育

① 李津：《“互联网+”驱动下的高校远程教育模式研究》，《中国成人教育》2018年第21期。

公平和质量提升的不懈追求，表明了高校管理在“互联网 +”时代，以技术为纽带、以资源共享为方向、以质量提升为宗旨，向着更加开放、高效和均衡的方向发展。此种发展不仅响应了社会化大生产与数字化时代下高等教育的实际需求，同时也具有丰富的实践意义和巨大的发展潜力。

第二节 管理系统中的技术应用

一、高校学生培养模式的“互联网 +”技术应用

随着“互联网 +”的深入发展，高校教育管理经历着前所未有的变革，特别是在学生培养模式方面，新兴技术的应用正在重构传统教学架构，优化学习流程，提升教育质量。在这一过程中，互联网技术不仅促进了课堂教学方式的创新，也使得学生的学习更为灵活和个性化。

翻转课堂作为一种新兴教学模式，正受到众多高校的青睐。“互联网 +”技术在此模式中的应用，为学生提供了在线学习的资源和环境，允许他们在课堂外自主掌握理论知识，而课堂时间则被用于解决问题、讨论和深化理解。这种模式有效地促进了学生的自主学习能力和批判性思维的培养，同时也提高了课堂互动的质量。

远程教育和虚拟实验室等“互联网 +”技术的应用，为地理位置偏远或资源不足的学生提供了学习的机会。通过视频课件、远程直播教室和模拟实验平台，学生可以不受时空限制地接受高质量的教育资源，这不仅提高了教育资源的利用效率，也让教育公平的理念得以进一步实现。

个性化学习路径的设计正成为“互联网 +”技术的另一项重要应用。借助大数据分析和人工智能技术，高校能够根据每位学生的学习习惯、知识掌握情况和兴趣特点，提供定制化的学习建议和路径。这种精准化的教学管理不仅提升了学生的学习效率，更是促进学生全面成长的有力手段。

随着教育信息化水平的不断提升，“互联网 +”技术在高校教学管理中的应用也在不断深入。诸如教师日常教学活动的信息化处理，通过在线平台进行课件发布、作业批改和成绩反馈等环节的自动化，大幅提高了教学工作的效率和准确性。同时，教师业绩的考评也在逐步引入大数据分析，通过教学行为数据、学生反馈数据以及相关教学成果等维度的客观评价，使得教师的评价体系更加公正和科学。此外，网络教研活动的普及，使得教师们能够跨越空间的限制，共同参与教学研究、教材编写和课题探讨。在线教研平台集成了资源共享、讨论交流和协同工作等功能，不仅拓展了教师专业成长的渠道，也加强了学科教学内涵的构建。

“互联网 +”技术在高校学生培养模式中的应用，正在塑造一个全新的教学生态。这种模式突破了传统教学的束缚，推动了教育模式的创新，增强了学生自主学习和问题解决的能力，并为个性化及终身学习提供了坚实的技术支持。通过深入研究和反思“互联网 +”时代的高校教育管理现状，可以发现构建未来智能化、个性化的高等教育管理模式，已经成为教育改革的迫切需求和必然趋势。

二、高校课程管理的“互联网 +”技术应用

在“互联网 +”时代背景下，高校课程管理通过集成网络技术、大数据分析及云计算平台，逐步实现了教学资源的数字化、智能化，并极大地提升了课程设计的灵活性与互动性。当下，多数高校已经构建起一套完整的“互

联网 +”课程管理系统，该系统不仅涵盖了课程规划、教材选编、教学进度跟踪等传统模块，更通过模块化设计，实时更新与迭代，满足不断变化的教育需求和发展趋势。①

现代高校利用“互联网 +”技术，实现了课程内容的多样化和个性化。基于人工智能技术的推荐系统能够根据学生的学习历史和偏好，智能配备讲义、教学视频及相关文献资料，从而提升学生的学习效率与兴趣。同时，教师也可以通过这一系统收集学生的反馈信息，定制化优化课程内容和教学方法。

在教学过程管理中，利用教学大数据分析，教师能够实时监控学生的学习进度和效果，调整教学策略。例如，采用数据挖掘技术分析学生在线学习行为，如访问频次、学习时间分布、互动讨论内容等，以便及时发现潜在的学习困难和需要改善的教学环节。此类分析支持构建动态的教学反馈循环，进一步提升课程管理的精细化水平。

而在课程评估与质量管理方面，高校通过引入在线问卷调查和即时评价系统，便于从学生、教师以及工业界等多方利益相关者角度收集反馈，用于教学质量的持续监测与改进。这种教学评估方式的及时性和全面性能够为持续改进教育教学质量提供科学、有效的参考依据。“互联网 +”技术在课程内容发布和获取方面的应用尤为显著。通过建立标准化的互联网教育资源库和开放的 API 接口，教师与学生均可便捷地获取和挖掘所需的教学资源。这种开放性设计大大促进了教育资源的共享和循环利用，实现了知识传播的时效性和广泛性。

同时，为了适应日益个性化和移动化的学习需求，高校不断探索如何将

① 陈桂娟、毕凤琴：《浅议高校全面推行“互联网 + 教育”的利与弊》，《中国校外教育（下旬刊）》2017 年第 27 期。

移动学习（M-Learning）、微课（Micro-learning）等新兴教学方法和技术应用到课程管理中。高校结合移动设备的便携特性和场景化学习需求，打造了一系列针对性强、交互性高的移动学习应用平台，极大地拓宽了课程管理的范畴和形式。

高校课程管理的“互联网 +”技术应用已显著提升了课程的科学性、高效性和适应性。通过信息技术的融合应用，高校的课程管理在教学内容可获取性、教学过程的互动性、课程评估的准确性以及教育资源的共享性等方面做出了创新性的尝试和持久性的努力。然而，高校必须在未来的发展中进一步解决技术融合和文化理念更新等问题，以便更好地把握信息化浪潮带来的历史机遇，推进教育现代化进程。

三、高校学生管理工作的“互联网 +”技术应用

随着“互联网 +”技术的深入应用，高校教育管理体系的构建取得了显著成效。“互联网 +”技术在提升学生管理工作的效率和效果方面，已成为高校教育创新与改革的重要驱动力。针对当前高校教育管理体系中技术应用的现状，可以从多个方面进行深入分析。

在高校学生管理工作中，运用“互联网 +”技术已不仅仅局限于简单的信息传递和存储，而是通过大数据分析、云计算、移动互联网等现代信息技术手段，实现从数据收集、处理到学生跟踪管理和服务全链条的升级。“互联网 +”技术的智能化管理系统，如学生行为分析系统、智能校园卡系统以及学习管理系统等，为学生提供个性化服务的同时，也大大提高了管理的精准度和实时性。

学生信息管理工作借助“互联网 +”技术的优势，实现了学生信息的实时更新和动态管理。利用信息化手段，能够及时捕捉学生学习行为和成绩变

化，并通过数据挖掘技术，为学生的学习提供有针对性的指导和支持。这种基于大数据分析的学生管理不仅提高了工作效率，还能够实现个性化教育和精准推送教学资源。在学生的心理健康管理方面，高校利用互联网平台建立了一系列在线心理健康教育和咨询服务系统。这些系统集成了心理测评、在线咨询、心理健康教育等多种功能，可以有效识别和预防学生心理问题，帮助学生及时调整心态，保障了学生的心理健康和学习生活的质量。①

在日趋激烈的就业市场竞争中，“互联网 +”技术也被广泛应用于高校的职业规划和就业指导中。通过职业规划信息系统，学生可以获取包括行业分析、职业发展趋势、薪酬水平等全方位的就业信息，并接受个性化的职业规划建议。此外，互联网平台还能够为学生与潜在雇主之间搭建沟通和交流的桥梁，提升学生的就业率和就业质量。②

在智能化学生管理过程中，“互联网 +”技术所带来的隐私保护问题也不容忽视。为此，高校需加强对信息管理系统的安全防护，细化学生个人信息的权限控制，制定严格的数据安全政策，确保学生隐私不被泄露。同时，面对信息技术的快速迭代，高校在推进“互联网 +”技术应用的过程中，还需要不断完善和更新学生管理工作的操作规程与服务流程，以应对新技术带来的挑战。

通过上述分析，可以看出，“互联网 +”技术在高校学生管理中的应用不仅提高了管理效率和服务水平，也为学生提供了更加科学、个性化和多元化的支持与服务。在未来，随着人工智能、物联网等技术的不断发展和应用，高校学生管理的智能化水平将会持续提升，对于培养创新型人才和推动教育现代化具有深远意义。

---

① 许世华、曹军、曾友：《高等教育信息化建设的实践途径探索》，《中国管理信息化》2023 年第 2 期。

② 邵冬基：《高校教学运行的信息化管理》，《现代职业教育》2019 年第 33 期。

四、高校教学管理的“互联网 +”技术应用

“互联网 +”技术在推动高等教育教学管理现代化的过程中，体现了信息技术与教育教学深度融合的趋势。高校通过集成应用大数据、云计算、人工智能等“互联网 +”技术，已初步建立起智慧教学管理模式，实现了教学活动的数字化、网络化和智能化。“互联网 +”技术在教学活动管理方面的应用，不仅突破了时间和空间的限制，增强了教学的互动性和可达性，而且通过可视化数据分析，实现了对教学过程和效果的准实时监控与评估。例如，利用在线考试系统能够高效地组织和管理考试，通过自动评分和即时反馈，提升评估的质量和效率。

在教学资源管理方面，“互联网 +”技术的应用推动了数字化教学资源的统一管理和优化配置。高校建立起包含多样性教学资源的管理平台，采用云存储技术，为师生提供随时随地的在线学习和研究服务。通过健全的知识管理体系和学习分析系统，实现了学习资源的个性化推荐和教学资源的智能分发。① 在教师教学能力的评估与提升方面，“互联网 +”技术的融入为教师业绩考核提供了新的视角和工具。教师的授课内容、教学互动和学生评价等多维度数据，通过大数据分析技术进行融合处理，构建出更为客观和全面的教师教学评价模型。同时，借助智能推荐系统，向教师提供个性化的教学发展建议和职业成长路径规划。②

在校园文化建设与网络教研活动中，“互联网 +”有力地促进了教师之

---

① 狄成杰、强敏、王兆龙：《基于“互联网 +”的高等教育创新创业人才培养模式研究》，《重庆科技学院学报》（社会科学版）2016 年第 10 期。

② 韦敏妮：《“互联网 +”背景下智慧校园教育信息化建设探究》，《小学教学参考》2021 年第 36 期。

间的互联网协作与专业成长。通过建立教研社区和在线研讨会，促进了教师之间的经验分享和教学创新，加速了现代教育技术在高校教学中的推广应用。① 网络教研活动的兴起，不仅为青年教师提供了开放的学习和交流平台，还引领了教学模式和课程内容的持续创新，推动了教师教学水平的整体提升。

尽管“互联网 +”技术在高校教学管理领域的应用取得了显著成效，但同样面临着挑战和阻碍。数据治理和信息安全问题成为管理者关注的焦点，个人信息保护和数据使用规范亟须加以明确。此外，人工智能和机器学习等先进技术尚未在教育管理中得到广泛和深入的应用，智能化管理工具需要进一步开发和完善。

“互联网 +”技术在高校教学管理中的应用展现出大有可为的前景，其在促进教学信息化、提升教学质量、实现教育公平等方面均发挥了重要作用。为充分发挥这些技术的潜力，需要积极推进与教学管理实践融合的相关技术研发，并在保障信息安全的基础上，创新管理理念，优化管理流程，实现教学管理的智能化和精准化，以提升全体师生教与学的体验。

五、高校图书服务的“互联网 +”技术应用

随着“互联网 +”时代的到来，高校教育管理工作迎来了划时代的转型。图书馆作为高校知识服务的核心组成部分，无疑成为科技创新和数字化变革的前沿阵地。“互联网 +”技术的融入使得图书馆服务模式不断升级，从而更好地满足师生对多元化学习资源的需求。现代化的图书馆管理，已不再局限于传统的借还书和咨询服务，而是扩展到了数据库的建立、资源的整合及

① 茹艺：《互联网 + 时代高校图书馆管理与服务的创新》，《才智》2019 年第 27 期。

线上服务，以此全面提高服务的普及性和便捷性，实现资源共享和知识传播的最大化。

在高校图书服务中，“互联网 +”技术的应用具体体现在几个关键领域，其中包括数字资源的建设、远程访问服务、智能搜索系统以及个性化推荐算法。通过构建全面、高效的数字资源数据库，学生和教师可以迅速获取所需的书籍、期刊、学术论文等资源。电子书和电子期刊的数字化转型，是高校图书服务发展的一个显著趋势。已有越来越多的图书馆投入资金建设电子图书馆，并与国内外知名的数字资源提供商合作，增加电子资源的种类和数量，提供全文检索、远程访问等功能，使师生即使身处校外也能享受无缝的学术资源服务。①

智能搜索引擎的使用，更加便捷了师生对图书馆藏书的查询。结合大数据技术和人工智能算法，图书馆的信息检索系统不仅可以根据用户的历史搜索习惯提供个性化的推荐，还能通过语义理解和自然语言处理技术，理解用户的查询意图，从而提供更精准的检索结果。此外，借助于智能分析系统，图书馆能够对借阅数据进行深入分析，识别学科热点和用户需求变动趋势，指导图书采购和资源配置，以实现更高效的知识服务。②

在“互联网 +”时代，图书馆的服务形态已超越实体边界，发展成为全方位的知识服务平台。图书馆不仅在传统的书籍、期刊馆藏服务上进行数字化转型，还通过线上线下整合的方式，推出了一系列创新服务，如在线学术讲座、虚拟参考咨询、数字资源导航等，真正做到了知识无处不在、服务无时不有。同时，移动终端的普及，也促使图书馆服务通过开发移动应用程序，提供更为灵活的阅读体验和学习交流环境。学生和教师可以通过移动端随时

① 杜斐：《高校学生管理信息化现状及重构研究》，《漯河职业技术学院学报》2015 年第 5 期。

② 刘刚、宋田田：《“互联网 +”时代高等职业教育发展趋势刍议》，《太原城市职业技术学院学报》2019 年第 5 期。

随地访问图书馆资源，无疑大大提高了图书馆服务的可达性和普及性。

然而，在积极推进“互联网 +”技术应用的同时，高校图书馆还应关注信息安全与隐私保护问题。随着个人信息与学习数据的日益电子化，图书馆需确保这些信息的安全以及保护教师权益。加强校园网的安全防护体系，采用先进的加密技术、防火墙系统以及访问权限控制等措施，是保障信息安全的关键。“互联网 +”技术在高校图书馆服务中的运用，不仅能提升图书馆服务质量和效率，而且有助于高校图书馆在数字化时代维持其竞争力，与其他部门建立良好的合作关系。高校图书馆在未来的发展中，将更多地依赖于科技创新和智能化，形成一个灵活多样、智能高效的新型图书服务体系。

第三节　问题与挑战

一、“互联网 +”时代高校教育管理的特征

在日新月异的信息技术的推动下，高等教育管理逐渐迈入一个全新的发展阶段，这一阶段特征在于网络化、智能化与数据驱动的管理模式开始成为主流，“互联网 +”高校教育管理的历史背景源于此。早期的高校教育管理以书面文件、线下会议和传统档案为主，信息流通受限，决策缺乏精确数据支撑。随着教育信息化概念的提出，并在全国范围内得到政策支持和推动[①]，学校管理开始融入电子化、自动化功能，致力于提高工作效率和准确性。

进入 21 世纪，高校教育管理呈现出持续深化的数字化转型特征。一方面，教学资源逐步向数字化转型，大量的线上课程和学习资源库建设初步满足了个性化学习需求。另一方面，随着教育大数据的应用，教育的评价和决策开始依托于精准的数据分析，这对于高校教育管理的资源配置、教学质量

① 李志鸿：《“互联网 +”背景下大学教学文化探析》，《西南交通大学学报》（社会科学版）2018 年第 1 期。

监控和学生发展规划等方面都产生了显著作用。信息时代的发展为高校教育管理提供了充分的技术支撑，高校开始尝试运用互联网技术构建教育信息化环境，以实现教学资源的开放共享和远程教学。此种变革推动了高等教育从大众化向普及化迈进，提升了资源的利用效率，扩大了教学的覆盖面。[①]同期，68 所高等院校获批开展网络教育[②]，标志着中国高校教育管理体系开始积极拥抱网络化转型。

变革的不仅是技术手段，还包括管理的思维方式和管理者的角色认知。线上管理系统的引入使校园管理更加透明化，学校教育管理工作者开始逐步从单纯的执行者转型为服务者和引导者。在这种背景下，一个新的高校教育管理体系逐渐成形，它以学生为中心，以技术为支撑的开放式、多元化教育生态逐步形成。[③]然而，从纸本到电子，从封闭到开放，高校教育管理体系的转变也面临诸多挑战。首要的是如何对大量的教育信息进行有效管理和安全保护，防止数据泄露和误用。此外，在全球化背景下，对高校教育国际合作和学生国际化素质的要求不断提高，这也对教育管理提出了新的需求。

“互联网 +”时代的到来，对于传统的教育思想和观念提出了巨大挑战。随着各类教育信息化技术企业与教育培训机构的兴起，高校不得不在竞争与合作中探索新的发展路径。如何在保持原有教育理念的同时，有效融入互联网思维，创新人才培养模式，并针对社会需求和市场导向调整教育内容与方法，成了“互联网 +”时代高校教育管理的重要议题。“互联网 +”时代背景下的高校教育管理是一个持续变革与适应的过程。在这一过程中，技术推动的是方法论的刷新与教育形态的多样化，但其中核心的是人才的培养质量与

① 林世员、陈丽、赵宏、张文梅：《高校网络教育发展脉络与阶段特征》，《中国远程教育》（综合版）2021 年第 2 期。

② 孙鑫：《探析互联网背景下高校教学管理信息化策略》，《现代职业教育》2019 年第 34 期。

③ 李文高、郑会芝：《“互联网”背景下的高校课堂教学问题及策略研究》，《高教学刊》2016 年第 2 期。

教育的创新性。如何在保证信息安全的前提下进行高效的数据驱动管理，如何在全球化竞争中发挥本土教育的特色与优势，已成为高等教育管理面对的核心问题与未来的发展方向。

二、“互联网 +”技术对高校教育管理的挑战

（一）适应互联网思维下的教育管理变革

随着互联网思维在学生、教师群体中的深入普及，高校教育管理面临的挑战已经显得更为复杂和多元。互联网的迅猛发展，不仅催生了海量的教育资源和工具，也要求教育管理者更新观念，改变教育管理的传统方式。管理者需要重新定义自己的角色，不再是传统意义上的信息门户和学术权威，而是要转变为引导者、协调者和服务者。① 现有的管理模式和资源分配机制亟须调整，以适应互联网带来的去中心化、扁平化和教学资源共享化的新环境。

教育管理变革的关键在于理解和掌握互联网思维，即以网络化、开放性、协同共享和用户参与为核心特征的思维模式。通过强化这种思维的培养，高校管理体系能够更好地利用互联网环境下新兴的教学方法和工具。② 例如，依托于云计算和大数据技术的智能教学平台可以为学生提供个性化学习路径。同时，AI 技术在学生辅导与评价中的应用，使得教师能够高效地关注学生的学习进度和难点。③ 变革过程中对学生的学习方法和行为模式提出了更高要求。学生不仅需要拥有良好的互联网素养，掌握在线学习的技能，还需要具备有效利用数字资源进行自我学习的能力。同时，网络安全和信息识别的能力也不容忽视。高校需对学生进行系统的网络素养教育，增强他们识

① 程乙聆：《信息时代教育管理发展趋势与策略研究》，《中国管理信息化》2017 年第 2 期。
② 梁婷婷：《“互联网 +”视阈下高校学生管理工作的创新探究》，《中国新通信》2022 年第 15 期。
③ 梁伟雄：《高校教育管理信息化现状与优化策略分析》，《高教学刊》2020 年第 14 期。

别网络虚假信息、防范网络风险的能力。

然而，教育管理变革也带来了挑战。网络环境下，教师的权威性与传统教学资源的价值受到质疑，教师与学生的互动关系复杂化，需要重新构建师生间的互信和合作机制。在“互联网 +”的背景下，学生获取知识的途径更加多样化，他们可能更愿意从网络上获取信息而非仅限于课堂教学，这对教师提出了重新设计课程和教学方式的要求。另外，互联网的普及也催生了大规模在线课程和虚拟教室，这些新型教育模式要求教育管理者不仅是知识传播的组织者，同时也需要成为学习社区的建设者和技术平台的维护者，以维持教学质量和保障学生权益。教育管理的绩效评价体系也需进一步创新，以更好地反映学生在网络学习环境中的真实学习成果，确保评价标准的公平性和有效性。

面对众多挑战，高校教育管理者需采纳多元化策略，打破传统管理模式的壁垒，拥抱技术变革带来的机遇。这包括整合互联网资源，优化教学管理策略，强化人才培养与教学研究，以适应互联网时代的发展需求。未来的高校教育管理必将趋向于更加开放、智能化和个性化的方向，以更好地服务于学生的全面发展和社会的长远需求。

（二）促进学生自我学习能力与网络素养的提升

在“互联网 +”时代背景下，高校教育管理工作的优化迫切需要解决学生自我学习能力与网络素养的提升问题。互联网技术的高速发展使得学习资源更加丰富多元，但也带来了信息过载和有效学习路径选择的问题。如何充分利用网络资源，提高学生的自主学习能力，是当前教育管理所面临的重要挑战之一。

为了应对这一挑战，教育管理者需要重新审视和构建学生的自我学习能力培养机制。自我学习能力的培养不仅涉及学生个体的知识获取和处理技能，更关键在于能够在信息海洋中独立判断、筛选和利用合适的学习资源来构建自己的知识体系。这要求高校通过打造个性化学习平台，为学生提供自适应学习内容推荐，同时利用大数据分析技术实时跟踪学生学习行为，揭示学生学习偏好，以便能为学生提供更为准确的学习资源定位服务。①

网络素养的提升同样不容忽视。高校应将网络素养融入学生必备的综合素质教育中，帮助学生在日益依赖网络信息的学习环境中，形成正确的网络行为习惯和安全意识。高校可通过开设专门的网络素养教育课程，从网络搜索技巧、信息评估和选择、网络学习工具的正确使用等方面全面提升学生的网络素养。为了加强这一教育的效果，还需要将理论教学与实际操作相结合，如设置网络使用场景模拟、网络资源应用实战等实训环节，提高学生的网络应用实际操作能力。②

为了进一步激发学生的自主学习动机，高校教育管理者应当设计丰富多样的网络学习活动，如在线讨论、协同作业、网络研讨会等，这些形式更便于学生通过实践提升自我学习能力和网络素养。结合网络技术发展，这些活动可广泛利用虚拟现实、增强现实等互动技术增强学生的学习体验。

针对网络安全问题，高校教育管理需要建立一套完整的网络安全防护体系。这一体系不仅包括技术层面的防火墙、入侵检测系统、数据加密等硬件和软件措施，也包括网络安全管理制度、突发状况应急响应机制等组织层面的制度建设。更重要的是，高校需要增强学生网络安全意识，教育学生识别网络安全威胁，树立正确的网络道德观念和法律意识，学会保护个人隐私和数据安全。

在这一过程中，互联网技术的应用将是关键。通过教务管理系统、在线

① 雷田甜：《大学教育管理模式的构建研究》，《科教导刊》2020年第22期。

② 李文高、郑会芝：《“互联网”背景下的高校课堂教学问题及策略研究》，《高教学刊》2016年第2期。

学习平台、学生档案管理系统等的融合运用，建立起覆盖学生学习全过程的管理模式。在这一模式中，信息技术不仅作为技术支撑，更是一种管理理念和教学方法的体现。例如，采用人工智能技术辅助教学过程，根据学生学习行为和成绩进行智能分析，提供个性化的学习建议，助力学生主动、有效地学习。

“互联网 +”对高校教育管理工作提出了新的要求，促进学生自主学习能力和网络素养的提升是解决这些挑战的关键途径。依托网络技术推动高校教育教学模式的创新，实现学生自主学习素养的全面提升，既是当前教育改革的需要，也是实现教育信息化、智能化的必然选择。

（三）大数据与教育决策

在“互联网 +”时代，随着大数据技术的快速发展和广泛应用，高校教育管理所面临的智能化挑战主要体现在如何结合大数据有效进行教育决策。通过精准分析学生数据，预测学生行为，优化教学资源配置，大数据在教育决策中扮演着越来越关键的角色。[①] 然而，即便是教育资源信息的收集和分析都仍然存在数据质量、数据挖掘技术及应用环境等方面的诸多难题，何况涉及教育决策的准确性和时效性，这些挑战对高校教育管理构成了非凡的考验。

首要的问题集中在数据质量和完整性上。现行系统中收集的学生信息往往是断断续续的、零散的，导致“数据孤岛”现象的产生。而大量的低质量数据会直接影响到后续的数据分析和决策制定的准确。[②] 为了确保数据质量，

① 顾育：《“互联网 +”视阈下高校学生管理工作的创新探讨》，《湖北开放职业学院学报》2019 年第 24 期。

② 王娟：《互联网时代高校教育管理改革实践探究——评〈移动互联网时代高校教育管理模式改革与实践研究〉》，《中国教育学刊》2022 年第 9 期。

需要高效的数据清洗和整合技术来提高数据完整性和可信度，这不但对技术平台的构建提出了要求，也考验了教育管理者的数据意识和处理能力。

面对海量数据的分析和处理，传统的教育决策方法显得力不从心。利用先进的数据挖掘技术，如机器学习、模式识别等，可以对学生的学习方式、学习效果和行为模式进行更加深入的分析，从而为教育管理和个性化教学提供支持。[①] 但是，技术的高速迭代也带来了专业人才短缺的问题，高校亟须培育一批既懂技术又通管理的复合型人才，来驾驭这股数字化变革的浪潮。数据治理框架的建设也是亟待解决的问题。

如何在保护个人隐私的前提下，合理合法地使用学生数据，在数据治理和合规性方面提出了新的挑战。同时，涉及数据驱动的教育政策制定，需要建立数据治理的标准程序，确保数据的采集、存储、分析和应用等环节符合法律法规和行业规范。

此外，与数据分析能力的培养同等重要的是对教育政策波动快速的响应及灵活的策略调整能力。高校教育决策不仅需要面对数据驱动下的决策模型，也要对外部变化如政策调整、市场需求等做出迅速反应，这就要求教育管理者能够快速吸收和利用新的数据来做出决策。[②]

高校教育管理在智能化的过程中面临的大数据挑战是多维的，既涉及数据本身的质量和处理问题，也关乎数据挖掘技术的应用，更加包含了数据治理和法规遵守等复杂的环境因素。想要在这个基础上实现精确和高效的教育决策，高校需全面提高在数据处理技术、人才培养、策略制定与法规遵循等方面的综合能力，并为此建立相应的支持体系，以便未来能够更好地应对教

① 李广平、陈武元：《人工智能背景下我国高校人才培养变革的有效思路》，《中国高等教育》2020 年第 11 期。

② 水君飞：《“互联网 +”背景下高校教育管理模式的变革与创新》，《中国多媒体与网络教学学报（上旬刊）》2023 年第 5 期。

育管理的智能化挑战。

（四）人工智能辅助教育管理

随着人工智能技术的日益成熟，高校教育管理领域亦逐渐涌现出智能化的挑战。在“互联网 +”的背景下，大数据处理能力、算法优化及教学资源的高度网络化为人工智能在教育管理中的应用提供了可能。具体而言，人工智能辅助的教育管理主要体现在学生信息分析、智能辅导、课程推荐、管理决策优化等方面，但这些技术的应用并非没有障碍，高校在推行智能教育管理时面临诸多挑战。这些挑战包括确保人工智能系统的准确性、有效性，学生隐私保护以及人工智能伦理问题等。

人工智能系统的准确性和有效性是大部分高校着力解决的首要问题。已有研究显示，使用机器学习等算法进行学生学习行为分析和预测可以有效提升教学质量。① 但是，高校在实际部署时常因数据量不足、数据质量不高或算法未针对教育场景特定需求进行优化而导致预测结果精准度受限。为提升系统的准确性和有效性，高校需构建更全面的数据收集机制，确保数据质量，并采用先进的数据处理技术如深度学习来挖掘学生数据中的隐含模式。

隐私保护是人工智能辅助教育管理面临的另一道难题。学生信息涉及多维数据，包括个人基础数据、学习行为数据、心理健康数据等，如何在保障个人信息不被泄露的同时进行有效管理成为一个技术与伦理并重的议题。② 高校应严格遵循隐私保护的相关法律法规，实行数据加密、匿名化处理，并对访问权限等级进行严格管控，同时让相关利益相关者充分了解其信息使用

① 钟小燕：《中国地市级妇幼保健机构“互联网＋妇幼健康”应用状况调查分析》，中国疾病预防控制中心，2019 年。

② 何剑：《“互联网 +”背景下湖南高校篮球信息化教学研究》，吉首大学，2019 年。

的目的与范围。

教育伦理也是一个需要密切关注的领域。人工智能的应用不应仅仅关注效率提升，还应关注其对学生发展、权利和公平等方面的长远影响。教育机构需确立人工智能伦理使用准则，加强教育人员在人工智能伦理方面的培训，以及建设公正透明的决策辅助系统。

在推动教育管理智能化的同时，我们还需认识到，人工智能并不是万能的，它的引入应以辅助而非取代传统教育管理模式为导向。深入研究如何整合传统的人力教育管理资源与人工智能技术，发挥二者各自的优势，以达到提升教育管理效能、优化学习体验和教学成果的综合效应至关重要。此外，高校应重视跨学科的合作，整合计算机科学、数据科学、心理学等多个学科的力量，以建设性地推动人工智能在教育管理中的应用。

人工智能辅助教育管理在高校有着巨大的应用潜力，并有望成为提升教育质量的关键工具。但面对这项新兴技术，高校需对技术和伦理并重，全面评估人工智能系统的风险与收益，制定合理的策略和规范，确保人工智能在教育管理中的应用能够造福学生和教育事业发展。

（五）隐私保护与信息安全

“互联网 +”技术在高校教育管理中的应用现状研究不断深入，但伴随而来的是隐私保护与信息安全风险的增大，尤其在大数据和云计算广泛应用的背景下，学生和教职员工的个人信息安全问题日益凸显。高校教育管理智能化的推进需要将这些风险与防范措施列为重点考量要素。高校在进行教育管理信息化时，会收集和存储大量的学生个人信息，这些信息的泄露可能导致严重的后果，包括个人隐私泄露和网络诈骗等，对教师和学生的生活和学习产生深远影响。

随着技术的发展，网络攻击手段也越发复杂多变，传统的网络安全防护方式不再能全面应对如今的安全威胁。因此，高校必须构建以先进信息技术为支撑的多元安全体系，增强防御能力。高校需要从信息收集、传输、存储和使用等多个环节出发，使用加密技术、匿名化处理和网络隔离等多种技术手段实现信息的安全防护，确保学生管理工作系统中原始信息的机密性得到有效维护。① 在技术层面，SSL/TLS 协议应被广泛采用以确保数据在传输过程中的安全，同时，定期对系统进行漏洞扫描和渗透测试，及时发现和修补安全漏洞。②

在管理策略上，高校应出台严格的信息安全管理制度，制定切实可行的操作规范和应急预案。需要对接入校园网络的设备实施严格的访问控制和审计机制，以及对网络行为进行实时监控，以防止未经授权的访问和潜在的内部威胁。③ 同时，高校应加强对师生的信息安全意识教育，培养他们的自我防护意识和能力，减少安全隐患。例如，通过定期的网络安全培训和演习，教授师生有关密码管理、识别网络“钓鱼”和社会工程学攻击的知识。

高校还需要与外部的专业机构进行合作，实时关注最新的网络安全动态和威胁情报，及时更新安全保护措施。建立起专业的网络安全团队，负责监测、应对和处置可能的信息安全事件，保障网络安全应急处理的迅速和有效。

在“互联网 +”技术深入应用于高校教育管理的趋势下，面对日益增长的信息安全威胁和挑战，高校需实施全面的隐私保护和信息安全措施。这不仅要求技术层面上不断进步以对抗新型的网络威胁，还要求在组织管理层面构建严密的信息安全体系和应急机制。未来，随着技术的革新，关于高校教

① 张馨予：《“互联网 +”大学生思想政治教育的路径建构研究》，东北师范大学，2019 年。

② 邱兴波、武亮、冯国艳：《基于“互联网 +”的高校教育管理协同创新研究》，《中国教育信息化》2019 年第 17 期。

③ 陈宇嵚、蒋英：《高校智慧党建平台构建及优化策略研究——以江苏省某样板支部培育单位为例》，《华东科技》2023 年第 9 期。

育管理中的隐私保护和信息安全策略也必将持续优化和升级，以保障师生个人信息安全，维护正常的教育教学秩序。

（六）教育融合与教育资源分配

作为教育信息化进程中不可或缺的一部分，高校教育管理信息化在推动教育融合与优化资源配置方面扮演着重要角色。但它同时也面临着诸多挑战，特别是在教育资源配置的公平性、效率性上的困境。面对这些挑战，高校将需要更加精细化的策略和创新性的解决方案。

在教育融合方面，高校需要将信息技术融入教学过程，形成“互联网+教育”资源体系，确保教育资源的优势最大化。此外，高校必须采用有效的信息管理策略来提高教育资源分配的效率和公平性。互联网技术的应用，比如教育资源管理系统（ERMS）和学习管理系统（LMS），已经成为提高教育资源管理效率的重要工具。同时，智能算法和大数据分析被用来优化资源分配，保证资源向关键需求、高效益领域倾斜。但是，如何确保所有学院、专业、师生公平获取资源，则是更加棘手的问题。

一方面，高校内部的资源分配需要建立在科学评估和公正原则的基础上。“互联网+”技术的应用可以基于数据分析，制定更为合理的资源分配方案。例如，通过数据挖掘技术，学校管理者可以了解不同学科领域的资源应用情况，并据此调整资源配置比例，确保各学科领域教育资源的合理匹配和均衡供给。但是，这仍然依赖于强大的数据分析能力和信息整合水平，这对于许多高校来说是一大挑战。除此之外，对于教育资源的精准识别和测量，一直是学界关注的难题。

另一方面，高校也需关注信息技术应用所引发的社会问题，特别是数字鸿沟问题。不可否认，互联网技术在促进教育资源共享与扩展方面发挥了积极作用。不过，这也为校园内外的数字鸿沟带来了新挑战。在高校中，不同经济、社会背景的学生在获取和利用数字学习资源方面可能存在差异。这就需要高校在推进教育管理信息化的同时，制定相应措施来缩小数字鸿沟，确保每一位学生都能享受到信息时代的教育红利。

当前，随着互联网技术的飞速发展，大量创新型教育工具应运而生，如虚拟现实（VR）、增强现实（AR）技术、人工智能（AI）辅助的学习平台等。这些技术的引入可以增强教学的生动性与互动性，但也带来了对于师资培训、教学内容更新以及教育理念改革的挑战。为合理利用这些新兴工具，高校必须不断推进师资队伍的信息技术更新与培训。

高校在教育信息化过程中的教育融合与教育资源分配面临重重挑战。高校需采取创新举措，强化数据分析能力，积极应对数字鸿沟问题，同时要不断更新教育技术与教育内容，全面提升教育信息化水平。这不仅能促进高校教育资源的合理高效配置，也有利于高校在现代教育竞争中取得先机，为学生成人成才创造更多可能。

（七）教育服务质量评价与监控

在教育服务质量评价与监控领域，“互联网+”技术的应用尤其展现了自身的价值与不足。随着高等教育规模的扩大和教学活动的多样化，传统的教育服务质量评价方法已难以满足当前的需求，亟须在“互联网+”环境下对评价系统进行创新与优化。

“互联网+”技术在高校教育管理层面带来了数据收集与处理的便捷性，为教育质量评价提供了大量实时数据和信息反馈。然而，如何从海量的教育活动数据中准确抽取和分析与教育质量密切相关的指标，是当前评价系统面临的首要问题。常规的教评系统虽利用在线问卷、互动平台反馈信息等方式进行数据采集，但对数据的加工、智能识别和筛选管理尚不成熟，未能充分利用“互联网+”技术的深度学习和数据挖掘能力，导致评价结果缺乏针对性和预见性。①

此外，高校教育服务质量评价体系存在与教学反馈机制脱节的问题。虽然教评系统能实时收集学生对教学的意见与反馈，但如何实现这些反馈对教学改进的即时响应与有效转化，仍需要教育管理信息系统在功能完善与逻辑优化上做出改进。当前，高校搭建的多是静态信息反馈系统，缺乏对反馈信息的自动分类、智能解析与实时响应机制，结果导致管理决策滞后，无法及时对教育服务质量进行有效监控和提升。

教育管理信息化还面临着如何综合运用“互联网 +”技术进行多角度、多层面质量监控的难题。例如，考试结果的数据分析应进一步引入机器学习算法进行智能评分和结果分布预测，学生满意度调查应与教学效果紧密关联，课堂互动数据的采集应从单纯的参与度统计向深入的行为分析演进。这不仅需要技术手段的升级换代，还需建立面向未来教育趋势的评价参数体系，以更为科学地反映教育活动质量。②

最终，面对教育服务质量评价与监控的这些挑战，策略的制定必须考虑教育服务质量评价结果的可操作性与实效性。这涉及建立全面的信息反馈系统，将“互联网 +”技术应用于教育全流程，不仅是对数据的收集与分析，更包括如何高效激活这些数据以驱动教育质量持续提升。例如，建设集数据挖掘、智能预警和决策支持于一身的监控中心，以确保教育管理决策的时效性与准确性，这将成为高等教育信息化管理未来发展的新方向。

（八）教师与学生角色重塑

随着数字化教育工具和平台的普及，教师不再是知识的单向传递者，学

① 李斐：《基于 Dubbo 的高校贫困生资助系统设计与实现》，《电子世界》2020 年第 9 期。

② 俞小敏：《“互联网 +”时代下高校教育管理工作优化途径》，《科技创新导报》2020 年第 8 期。

生也不再是被动的知识接受者。在信息技术的支持下，教师角色逐渐转变为学习资源的整合者、学习活动的设计者以及学习过程的引导者。[①]

信息化教育的推广使得教师必须掌握多种数字技术以适应教学模式的转变。例如，利用数字化工具来设计课程内容，结合线上线下资源来提高教学互动性和学习灵活性。然而，这也引发了一系列挑战。首当其冲的是，许多教师缺乏必要的信息化技能，与日新月异的技术进步之间存在技能差距，这要求教育管理者必须投入额外资源进行教师的专业发展培训。[②]而随着教育技术的不断革新，这种职业发展显然是一项长期而持续的工作。

同时，学生角色的变化也同样显著。“互联网 +”技术允许学生通过在线学习平台、虚拟实验室等新型学习媒介自主获取知识。学生开始扮演更积极的学习者角色，主动参与知识生产的过程，借助网络资源及工具进行协作式学习。这种学习方式促进了学生批判性思维和问题解决能力的发展，同时也对他们的自我管理能力提出了更高要求。尽管这为学生个性化学习和能力提升提供了有利条件，但对传统学习习惯、认知心态及评估体系也带来了冲击。因此，如何在教育管理中合理引导学生以正确的态度使用“互联网 +”技术，成为教育工作者必须面对的问题。

对于教育管理信息化挑战来说，教师和学生角色的重塑是一个动态的相互作用过程。教师必须理解和应用新的教育科技，而学生则需要在技术支持下建立自主学习的能力。这就要求教育管理者在设计和实施信息化教育时，能够全面考虑教师培训和学生指导的相关措施。教育管理系统的设计应支持教师的专业发展，并为学生提供有效的技术应用与学习策略指导。此外，教育管理者需与政策制定者合作，确保政策和实践能够及时适应技术和社会的

---

① 王洋百慧：《微信在高中写作教学中的应用策略探究》，陕西师范大学，2019 年。

② 陈婷婷：《“互联网 +”背景下高校教育管理模式的改革研究》，《科技风》2023 年第 33 期。

变革，为教育信息化过程提供足够的灵活性和支持。

因此，教育管理信息化并非仅仅关乎技术的选用和维护，更在于如何激发教师的创新教学潜力，如何引导学生发展适应未来社会需求的关键 能力，以至全力以赴创建一个能够满足教师和学生新角色所需支持与服务的教育生态系统。这需要教育管理从单一的效率逻辑过渡到更为丰富的包容发展逻辑，充分考量教育信息化在教师和学生角色形塑中的关键作用和持续影响。

第五章

“互联网 +”时代高校教育管理发展策略

随着互联网技术的飞速发展和深入应用，系统性地构建和优化教育管理体系，提出以信息化、智能化为核心的高校教育管理发展策略，以期推动管理模式创新，并有效提升教育质量与管理效率。未来高校教育管理工作将步入一个崭新的发展阶段。教育管理不再是顶层设计与底层执行的简单关系，而是通过信息技术和智能化手段实现多元主体的协同合作与共同发展。这一过程将推动高校教育管理的核心从简单的管理与控制转向激励与服务，促进学生全面成长。正如互联网本身的特质，未来的高校教育管理将更加开放、平等、协作与创新。

第一节 “互联网 +”时代高校教育管理发展趋势分析

一、高校教育管理数字化转型的必然性

随着国家教育信息化 2.0 行动计划和“互联网 +”行动计划的深入实施，教育管理数字化转型已成为高校发展的必由之路。高校所面临的学习者群体多样性、全球教育资源共享需求以及智能化教学工具的普及，无不推动着教育管理朝向数字化、信息化方向快速发展。传统的教育管理模式已经不能满足日益丰富和多变的教育需求，而数字化转型则能够实现教育资源的优化配置，并为每一位学生的个性化发展提供有力的技术支持，从而促进教育本质的提升。

数字化转型并不仅仅意味着技术的更新换代，更是教育管理模式、理念以及操作流程的全面革新。在数字化转型的过程中，高校需积极融入人工智能（AI）、大数据、云计算、物联网等现代信息技术，以推动教育管理系统的升级和优化。比如，通过 AI 教学助手的引入，教学管理可以实现个性化辅导与反馈，以期提高教学的互动性和有效性。同时，大数据分析的应用则

为教育决策提供了数据支撑，以做出更加科学的教学方案和资源配置计划，满足学生多样化的学习需求。

教育管理数字化转型的一个重要方面是构建综合的学习管理系统。如起步较早的综合教务管理平台，已经由单一功能的管理工具演化为支持学分管理、课程调度、成绩评定等多项功能的综合性平台。未来，这一平台还将整合更多的教学资源，建立起教与学的互动机制，促进资源共享与知识传播。进一步而言，在数字化转型的驱动下，高校还将开发更多智能化工具，如 BPM 工作流引擎、CRM 学生管理、ERP 资源计划以及 MIS 信息系统，每一种工具都将在高校的教学管理中发挥独特的作用。

“互联网 +”时代在教育领域的影响不限于教育手段的变革，更深远地影响到了高校管理的组织结构和服务模式。随着教育管理信息化建设的提升，教育管理也呈现出服务化、网络化、个性化的发展趋势。当前，高校之间的信息壁垒正在被逐步打破，出现了更为开放和协作的网络型管理平台。这种平台不仅强化了高校内部部门间的协同合作，也拓展了高校与外部机构的合作空间，形成了互帮互助的新生态。

在数字化转型的浪潮中，高校教育管理不断探索和尝试新的管理理念和实践手段。例如，智能教室、在线开放课程、虚拟实验室等现代教育设施和平台的建设不断推进。高校领导者需要意识到，数字化并不仅为教育提供了新的工具，更重要的是提供了全新的思考和解决教育问题的方法。因此，高校应对教育管理理念进行前瞻性的思考，重新定义其在培养人才、研究创新、社会服务等方面的功能与任务。随着以数据驱动的决策越发成为高校管理的重要依据，教育管理信息化策略的制定更注重数据挖掘和分析经验的积累，以达到提高决策效率和精准度的目标。

面对教育管理数字化转型的必然性，高校必须确立清晰的发展战略，并在实践中不断调整和完善。在这一过程中，既要防范可能出现的风险和挑战，如教学事故的发生、信息安全问题的解决，也要充分发挥数字化转型在提升教育教学质量、实现人才培养目标方面的积极作用。无疑，高校教育管理的数字化转型已经成为现代教育改革的关键一环，高校需要主动拥抱“互联网 +”大潮，创新教育管理思路和实践模式，以期在新时代背景下实现自身的跨越式发展。

二、高校教育管理智能化发展前景

随着信息技术的不断进步，智能化已经成为高校教育管理发展的必然趋势。现代高等教育管理的智能化，体现在对教学、资源配置、校园生活等全方位场景的深入融合。智能化教育管理的实践探索，不仅涵盖了信息采集与数据分析的基本要求，还必须关注实际运用于教学过程中的创新机制与模式。

从智能教学的角度来看，AI 助教、自适应学习系统、语音识别技术以及智能成长档案等技术的运用，已经逐渐渗透至教学的各个环节。①AI 助教能够为教师提供学生学习情况的实时反馈，协助教师调整教学策略，以适应学生的多样化学习需求。自适应学习系统能够根据学生的学习行为和掌握情况，动态调整学习内容和难度，实现真正意义上的个性化学习。

智能化的教务管理工具，如教育资源规划系统（ERP）、学生信息管理系统（MIS）和业务流程管理引擎（BPM）也必不可少。这些系统和工具通过整合各类教学资源和信息，不仅提高了工作效率，还为数据驱动的教育决策提供了可靠的支撑。此外，通过大数据分析技术，教育管理者可以深入了解教学活动的有效性，从而为持续的教育改革和发展提供科学依据。

① 时长江：《高校学生社区教育管理模式的构建》，《高等工程教育研究》2004 年第 5 期。

未来，高校的教育管理服务将进一步互联网化，服务模式的创新尤为关键。采用虚拟校园、在线社区等新型服务模式，能够极大地扩展校园教育资源的边界，推动教育资源的优化共享与整合。与此同时，通过 5G/6G 等新一代网络技术的应用和区块链技术可以构建一个更为安全稳定、高效便捷的校园网络环境。在智能化发展的背景下，高校必须确保信息技术的运用能够真正惠及学生和教师。例如，通过建设智能教室和互动投影等智能配套设施，创新教学流程，开发平板电脑点名系统、电子作业批改系统等应用程序，以促进教学活动的质量与效率提高。

展望未来，智能化教育管理的前景令人期待。随着技术的进步和教育理念的更新，高校的教育管理工作将越来越多地借助智能化工具和方法，实现管理活动和服务的高效化、精细化和个性化。这将有力推动高等教育的质量提升，以及培养更加贴近实际需求的创新人才。然而，这样的前景也提出了新的挑战，如何在维护师生隐私和数据安全的同时，充分发挥智能化的优势，是接下来需要高度关注和解决的问题。

三、高校教育管理服务互联网化的未来模式

随着互联网技术的迅猛发展，高校教育管理服务的互联网化已成为未来发展的重要趋势，这不仅改变了教育管理的组织形式、服务内容和运作模式，而且对提升教育质量、实现创新型人才培养模式具有重要意义。在“互联网 +”背景下，高校教育管理服务的未来模式将更加注重服从于教育教学的核心目标，构建一个以学生为中心，以技术为支撑，充分发挥网络优势，实现资源共享和优质教育内容的高度可及性。

未来模式中，虚拟校园得以实现，教学资源的获取不再受到时间与地点的限制，多种形式的数字化资料得到有效整合，学生可以根据个人的学习计

划，享受个性化的教育服务。在线社区作为互联网时代的产物，提供了一个平台，让学生、教师和管理者能够互相交流、分享知识和经验，这不仅促进了校园文化的建设，也为教育管理提供了及时反馈和交流的机会。

开放课程则为学生提供了广泛的学习选择，学生可以根据个人兴趣和专业需求，自由选择课程，而不受学校课程设置的限制。这些课程通常是由世界各地的顶尖大学以视频、任务和讨论形式提供的，旨在打破传统教育的壁垒，提升全球教育资源的公平性和互联性。云端实验室则用于打破实验教学资源的局限，通过高速网络链接远程实验室，学生可以预约并远程操控实验设备，完成实验学习任务，极大丰富了教学手段和内容。

技术支撑体系也是未来模式中不可或缺的部分，如 5G/6G 网络的广泛覆盖将为校园内外的无缝连接和高速数据交换提供保障。基于区块链技术可确保教育数据的安全和不可篡改性，提高管理的透明度和有效性。而云计算的应用则为教育资源的存储、计算提供了强大的动态扩展能力，确保了学习内容的实时更新和高效传输。

未来模式下的高校教育管理服务将更为注重用户体验，努力从学生和教师的实际需求出发，提供符合个性化需求的服务。互联网化的高校教育管理，不仅要求管理层和教师具备复合型的专业能力，更需要他们具备面向未来的教育理念和前沿技术的应用能力。通过开展线上线下相结合的教学活动，以及推广智慧教学环境的应用，学校能够为学生提供更加自由、开放的学习空间，并以此培养其终身学习的能力和创新精神。

由此可见，“互联网 +”时代对高校教育管理服务模式的影响是深远的，高校需积极拥抱技术变革，利用互联网技术优化管理服务，营造有利于学生和教师发展的教学环境和管理生态，最终实现高质量教育的目标。智慧化、个性化和网络化的教育管理模式是形成创新人才培养机制和促进学校可持续发展的关键，它不仅能够提升学生的学习效果和满意度，也能加强校园的国际合作与交流，提高教育管理效率和教学资源配置的合理性。[1] 通过深化教育改革，构建面向未来的管理服务模式，以适应“互联网 +”时代教育教学活动的全新要求。

① 张晨:《“互联网 +”背景下论高校新型教学形态的改革与创新》,《山西青年》2021 年第 2 期。

第二节 “互联网 +”时代高校教育管理发展战略

一、构建“互联网 +”时代下高校教育管理的战略框架

（一）明晰“互联网 +”时代高校教育管理的愿景目标

在“互联网 +”时代背景下，高校教育管理应着眼于构建一个全面互联网化、智能化、精细化、高效化的战略框架。为了适应这一趋势，必须对高校教育管理的未来愿景和目标进行明晰规划。在此基础上，在信息化技术飞速发展的今天，制定与实现这些目标的可行性战略就显得尤为关键。

愿景的确立需在国家信息化发展大局的指导下，与国家教育计划深度对接，追求全面信息化管理，实现教育服务的个性化和精准化。[①] 高校教育管理的愿景应致力于提高管理的科学性和教育质量的国际竞争力，培养符合时代需要的高水平创新人才。通过数据驱动，不断优化管理流程，实现精准决策和教育资源合理分配，构建高水平的校园信息化生态。目标设定需要综合考量国际教育发展趋势与国内实际需求。高校教育管理目标既要针对学习成

① 陈洪连：《成人高等教育信息化教学手段的创新策略》，《职教论坛》2013 年第 3 期。

果——将教育质量标准向国际先进水平看齐，又要注重学习过程——增进学生满意度并激发教师的教学创新活跃度。此外，实现校园信息化环境的高安全性，确保资料的保密性和数据的完整性，也是目标设定的重要一环。

在强化管理功能和界定管理范畴方面，为了实现效率优化与高质量教育目标，高校对于教育管理功能的划分要动态调整，以满足不断变化的教育需求。其中包括但不限于完善招生就业指导功能、精确的学籍学历管理、高效的资源配置优化以及积极的国际合作交流。[①] 同时，高校教育管理的跨部门协作机制需进一步增强，以促进教育教学、学生成长、校园运营和社会服务的全面融合。

实施战略规划方面，高校教育管理的实施策略应该立足当前、展望未来。短期内，快速引入和融合前沿技术创新，如通过智慧课堂和在线教育平台，实现教育模式的小范围改革与试点。中期目标应聚焦于系统性的整合与优化，如通过搭建大数据分析中心，提高教育决策的精细度。长期而言，高校应持续关注教育信息化技术的迭代升级，并适时调整管理模式来应对未来可能的挑战。

构建评估与反馈机制也是现代化高校教育管理不可或缺的一环。高校需确立以学生为中心的评估内容，通过线上调查问卷等方式监控学生满意度，并以教学质量年度报告和管理效率季度考核等方式，定期检视教育管理体系的运行情况。与此同时，生成定期的技术支撑稳定性检测报告，以确定信息系统的可靠性。

此外，构建“互联网 +”时代教育管理人才的培养机制也尤为关键。培养目标不仅要侧重于教育管理复合型人才，同时亦需关注信息技术应用型、

① 顾育：《“互联网 +”视阈下高校学生管理工作的创新探讨》，《湖北开放职业学院学报》2019 年第 24 期。

国际交流合作型与创新创业指导型人才。要通过多元化的培养模式，鼓励学生在学术研究、国际视野以及实际操作能力等方面综合发展。系统性的战略框架构建对高校教育管理在“互联网 +”时代的长期发展至关重要。通过明晰愿景目标、功能定位、实施战略的规划与执行，以及评估与反馈机制的建立和人才培养机制的创新，高校教育管理能在未来的发展中保持领先地位，为教育事业贡献积极的力量。

（二）研究和定义“互联网 +”时代高校教育管理的功能定位

在构筑面向“互联网 +”时代的高校教育管理战略框架过程中，对高校教育管理功能的精准定位至关重要。管理功能的科学定位能够确保高校在教育教学、科学研究、社会服务等层面的顺利推进，保障管理制度体系下分工的明确与协同高效运作。通过功能定位的科学划分，能够应对“互联网 +”时代带来的全新挑战，也能够更好地把握机遇，推动管理模式的创新与突破。

高校教育管理功能首先要向招生就业指导的智能化拓展，建立依托于大数据分析、人工智能推荐的数字化招生及就业匹配系统。系统通过深度学习算法提高招生推荐精准度，增加学生和用人单位之间的信息透明度，优化毕业生就业渠道，从而提升学生就业率和就业质量。其次是对学籍学历管理的智能化升级，采用区块链技术对学生信息进行加密存储，确保个人信息的安全性及数据的真实性和不可篡改性。这不仅实现了学籍学历信息的及时更新与精确跟踪，还能为学生提供全程电子化的证书验证服务，支撑国际化教学和学习成果的认证。

在资源配置优化方面，可以构建基于机器学习和预测分析的资源调配系统，利用历年教育资源使用数据，自动预测教学资源的分配需求，优化教师课时分配和教育设施的利用率，实现资源的精准配置与最大化利用，进而降低管理成本，提升教育资源的使用效率。①

此外，国际合作交流同样是一个重要的管理功能，当前应着力推动线上国际课程共建共享、远程学术研讨以及国际学生交流等，强化高校全球视野下的知识传播与人才培养。高校应利用“互联网 +”平台，拓宽国际教学资源的接入与共享，构造面向国际的学术交流和研学平台，增强高校的国际影响力与竞争力。

在明确定义管理范畴时，高校教育管理要涵盖教育教学活动的全流程，覆盖学生成长的全阶段，涉及校园运营的全过程以及社会服务的全领域。从学生入学到毕业，从课程计划到教学质量监控，从校内基础设施建设到对外交流合作，每一个环节都需在“互联网 +”时代背景下重新审视，在高校教育管理系统中实现数字化、智能化转型，确保能够应对未来教育教学及科技发展趋势中的挑战和需求变化。

“互联网 +”时代高校教育管理的功能定位需要紧密关注未来发展趋势，深入研究互联网技术与教育管理相融合的途径，创新管理理念与实践方法，打造智慧化、个性化、国际化的高校教育管理新体系。通过对教育管理功能的科学定位，高校可以有效提升教育服务质量，实现管理能力现代化，构建兼具前瞻性和高效性的教育管理新模式。

（三）设计“互联网 +”时代高校教育管理的实施战略

在构建“互联网 +”时代高校教育管理的战略框架中，实施战略的设计是关键环节，其主要任务是转化管理愿景为行动方案，确保以最高效的路径实现管理目标。“互联网 +”的教育管理模式要求我们突破传统边界，利用

① Qu Lihong, “The Development Strategy of Circulation Service of University Libraries in the Era of ‘Internet Plus’”. *Journal of Anshan Normal University,* 2019(4), pp.99-103.

网络技术全面提升管理质量和效益。通过深入分析学生、教师、管理人员等不同利益相关者的需求和预期，在存在大量不确定因素的教育环境中，科学制定和调整实施战略，最大化整合利用信息技术的优势，以推动高校教育管理系统的智能化和网络化升级。这其中涉及数个核心环节。

重点在于明确步骤和时间节点，绘制出高校教育管理信息化、网络化转型的路线图。针对短期内易于实现的目标，如智慧教室的建设以及在线教育资源的初步整合，应迅速出台具体实施细则并落地执行。此外，中期目标以系统整合及平台优化为主，通过建立校园大数据分析中心，将散布在各部门的数据进行集成，在宏观尺度上促进教育资源的高效配置和运用，同时通过数据分析支持教育决策的科学化。①长期战略需关注持续的技术升级与创新应用，如人工智能教学助手的研发以及虚拟现实技术在教育中的深度应用。

在实施战略的规划中，务必强调关键项目选择的重要性。这些项目不仅要具备创新性，还应考虑到其在推动教育管理改革中的战略地位。典型项目如在线教育平台的全面升级致力于实现对电子资源的集中管理，提供更便捷的教学和学习体验，以及基于大数据的学生行为分析系统，通过挖掘学生学习、生活等全方位数据，精准反映并预测学生需求和发展动态，实现个性化的教育服务。②

高校教育管理的实施战略应聚焦于评估与反馈机制的完善。这包括制定科学合理的评价指标体系，以评价教育信息化的应用成效及管理创新的实际成果。定期的学生满意度测评、教学质量年度报告、管理效率季度考核以及技术支持稳定性检测，应成为学校常态化的评估工作。同时，建立快速响应机制，收集并利用反馈信息不断优化教育管理策略和教学方法，为学校创新

① 马苏梅:《高校电子竞技运动与管理专业人才培养现状及优化策略研究》,中北大学,2022年。

② 杨雪梅：《互联网＋时代高校思想政治教育管理创新探析》，《中学政治教学参考》2019年第16期。

发展提供动态调整依据。

实施战略的关键还在于人才培养机制的再造，需要培育出能够适应信息化管理要求的复合型人才。这要求构建覆盖学习、实践、研究以及创新的多维链条，制定线上线下混合学习模式，既包括专业理论的深度训练，也强调实践能力和通识视野的培养。校企合作、国际合作项目以及大学生创新创业等活动的日常化，将大大推进高校教育管理的应用型和国际化教育人才培养。

综合以上方面，实施战略应立足于提升高校教育信息化、智能化管理的全局性、战略性和前瞻性。只有这样，高校才能在“互联网 +”时代，有效提升其竞争力和持续发展能力，优化教育管理服务，为社会培养更多优秀人才。

（四）建设“互联网 +”时代高校教育管理评估与反馈机制

在“互联网 +”时代，高校教育管理的有效性取决于评估与反馈机制的科学性和精确性。建立先进的评估体系不仅能够反映教育活动的实际效果，还能为教学和管理提供持续改进的驱动力。因此，设计卓有成效的评估与反馈机制是构筑高校教育管理战略框架的关键环节。

评估内容的明确性是核心。针对“互联网 +”背景下的多维度教学活动，必须确立一套全面且动态的评估指标。以学生满意度测评为例，通过实时收集网络平台上的教学反馈和慕课等平台的互动数据，可以提供关于教育活动接受度的即时信息。[①] 此外，教学质量年度报告不仅总结了过去一年的成果与不足，也为未来的教育改革提供决策参考 。管理效率季度考核则通过数据

① H Jin, “Sharing, Integration and Leading: Development Strategy of College New Media in the Era of Intelligent Media”, *Theory & Practice of Contemporary Education,* 2019(02), pp.99-103.

分析工具集，评估各管理部门的运行效率和服务质量 。技术支撑稳定性检测，则关注信息系统的运行状况，确保课堂教学和管理活动顺畅进行 。

反馈流程的制度化是提高高校教育管理质量的保障。在线调查问卷不仅可以广泛收集学生、教师和管理人员的意见，还可利用大数据分析和智能算法对反馈内容进行定量分析。开放式问题反馈区允许师生在网络平台上即时提出改进建议，团队及时响应，并根据反馈调整管理策略。定期召开数据分析会议，可以对采集到的评估数据进行深入探讨，基于数据驱动决策的实践促进教育教学的持续优化 。此外，教育管理创新论坛则提供了一个跨学科交流和创新想法碰撞的平台，促进管理模式和教育内容的创新发展。

强化评估与反馈的动态循环，通过建立持续自我更新的管理系统来促进教育管理的可持续性。努力将评估与反馈机制与“互联网 +”时代的高校教育管理实践紧密结合，以提高教育质量和管理效率。教育管理系统需不断利用新兴信息技术，如人工智能、大数据等，来增强评估的准确性和反馈的及时性，以期塑造更为高效和精准的教育管理新范式 。

构建“互联网 +”时代高校教育管理评估与反馈机制，应聚焦于建立精准和系统的评估内容体系、完善高效和网络化的反馈流程机制，并不断利用先进技术加强动态循环和持续优化。通过这种全方位、深层次的评估与反馈体系，高校教育管理不但可以应对现代教育挑战，更能在“互联网 +”的浪潮中把握机遇，培养具有全球竞争力的人才。

（五）探索“互联网 +”时代高校教育管理人才培养机制

在“互联网 +”时背景下，高校教育管理的转型已成为教育发展的必然趋势。面对日益复杂的教育环境和不断变化的社会需求，高校教育管理人才的培养机制被赋予了新的使命和挑战。要培养符合“互联网 +”时代要求的教育管理人才，不仅要注重知识的丰富和技能的训练，还要致力于提高其互联网思维和信息处理能力，使其能够适应和引导信息技术在教育管理中的深度融合和创新应用。

在“互联网 +”时代高校教育管理人才培养机制方面，需要制订有针对性的培养计划，这一计划应详细规划课程设置、实践环节、教学方法和评价体系等方面。具体来看，首先要构建涵盖教育理论、管理科学以及信息技术等课程的综合课程体系，确保学生能够系统地掌握“互联网 +”背景下的教育管理核心知识和技能。同时，强化与信息技术企业的合作，通过设立实训基地，为学生提供实际操作互联网教育平台和管理信息系统的机会。此外，教学方法上要推广案例教学、模拟演练、在线讨论等互动性学习方式，以提高学生对知识的综合应用能力以及解决问题的实际操作能力。

在人才培养的评价体系建设上，需建立与互联网相结合的评价标准。采用多元化的评价方法，如在线测试、项目制作、同行评审等，不仅能全面准确地评估学生在知识掌握和能力提升方面的成果，还能够激发学生的积极性，培养其自主学习和持续自我提升的意识。①

对于教育管理人才的培养来说，不能止步于知识和技能的传授，更要关注其价值观的培育和专业素养的提升。在此基础上，将“互联网 +”理念渗透到人才培养的全过程中，不断优化课程内容，更新教学方法，同时强调实践教学和创新能力的培养，从而培育出既能够适应时代发展又具备国际视野和专业素养的高校教育管理人才。

“互联网 +”时代下高校教育管理的人才培养机制需着力在课程体系建设、实践教学环节、教学方法创新以及评价体系开发等方面下功夫。通过科学规划、持续改进和有机融合，为高校教育管理工作培养出更多优秀的人才，以适应日益全球化和信息化的教育环境。如此，方可推进高校教育管理事业

① 薛焕宸：《“互联网 +”理念在河北省高校图书馆应用调查研究》，河北大学，2018 年。

的可持续发展，并在未来的教育变革中占据制高点。

二、优化“互联网+”时代的高校教育管理模式

（一）推动“以学生为中心”的教育管理模式

为落实“以学生为中心”的教育管理模式，高校应积极倡导学生自主管理的体系构建，激发学生的自我意识，促进学生全面而独立的个性发展。学生自治权的强化与学术委员会的深度参与将是实现学生中心教育管理的关键步骤。在此基础上，通过构建支持性的学生个性化服务系统，将进一步针对学生的学术辅导、兴趣小组组织和个性化成长档案进行自主管理，从而为学生提供全方位的发展空间和机遇。

“以学生为中心”的教育管理模式要求高校在保障学生参与权的同时，也要为学生提供充分的支持，以确保每一位学生都能在学术和非学术领域得到个性化、差异化的服务。在教学资源的配置上，智能化的教学资源库建设和智能调度算法的研发将是提升教育资源利用效率、满足学生多样化需求的重要举措。教学资源库应包括针对不同知识层级的知识点分类，以及便于教学资源共享与交互的平台环境，同时还需利用实验模拟器材软件与文献数据库整合，为教育教学活动提供强有力的技术支撑。

高校应当通过引入推荐算法、学习资源匹配引擎等智能技术，实现对学习资源的精准分配与个性化推送，确保学生能够根据自身能力和兴趣选择最适合的学习路径。此外，教学工具的适配程序与学习进度预测模型的构建，将有助于调整教学方法和内容，确保学生能够高效且有成效地学习和成长。

在数据驱动的教育决策支持系统方面，高校需要搭建具有实时性、准确性的决策分析工具链，对综合性数据进行深度挖掘和分析，提供有针对性的

策略和解决方案。这些分析工具链包括数据仓库、在线分析处理（OLAP）、数据挖掘工具集和可视化展示平台等。通过这些工具，教育管理者能够洞察学生学习行为，优化课程设置，提高教学质量，精确指导学生就业规划，预防和应对校园安全风险。①

高校还应当探索网络教学与传统教学的深度融合，不断创新教学模式设计，如线上公开课、翻转课堂，以及小组协作项目等。针对实践导向型的学科，更应重视实验实践与理论学习的结合，通过远程仪器操作和现场研讨等方式，强化学生的实践能力。这种双轨教学机制有助于提高学生在核心专业领域内的学习效果和应用能力。

线上互动和合作的管理策略同样至关重要，学习管理系统的建立应强调论坛、博客、虚拟班级等互动合作平台的搭建，以便学生之间能够进行广泛的交流与合作。在此过程中，高校需要制定明确的线上行为规范，确保学生权益的保护，鼓励积极的意见表达，并确立团队互助规则和知识产权协议，营造一个公平、健康的网络学习环境。

通过上述措施，高校能有效地推动“以学生为中心”的教育管理模式，提升教育的个性化水平，促进教育质量的全面提升，为学生的个性化发展和未来的社会适应打下坚实的基础。

（二）实施个性化和智能化的教学资源配置

随着互联网和信息技术的快速发展，高校教育管理正面临着由传统向个性化和智能化转型的趋势。在这一过程中，智能化教学资源的配置成为高等教育改革的关键一环，它不仅能够满足学生的个性化学习需求，还能提高教

① 顾祝文：《“互联网 +”时代高校教学管理工作的新问题与对策》，《产业与科技论坛》2021 年第 17 期。

育资源的利用效率和教学质量。针对现有的教学资源配置机制存在的不足，应聚焦于数据驱动和智能算法的应用，构建更为高效、灵活的教学资源配置策略。

高校教学资源的智能配置应基于对学生学习特征的深入分析。借助大数据挖掘技术分析学生的学习数据，如成绩、学习路径、在线行为等，建立学习者画像，精准理解每个学生的学习需求和偏好。在此基础上，智能推荐系统能根据画像为不同学生推荐合适的学习资源及教学内容，实现资源与学习需求的最佳匹配。例如，通过机器学习算法，不仅可以推送符合个体学习水平的教材和课件，还能依据学习进度动态调整后续推荐，以保证学习的连贯性和累积效果。

智能化的教学资源配置不仅要关注个体层面，还应整合和分析全校乃至更广泛区域的教育资源。通过建立集中化的教学资源数据库，整合不同来源和类型的资源，包括公开课程、虚拟实验、案例库等。在保障数据质量和更新速度的同时，配备先进的检索工具，便于教师和学生根据教学计划和学习情况随时获取适宜资源。与此同时，智能化配置系统应运用资源调度算法，高效管理和调配课室、实验设备等硬件资源，优化资源分配，减少资源浪费。

随着教学模式的多样化和虚拟化趋势的加深，高校教育管理应增加对云计算、物联网等新兴技术的投入。利用云计算平台实现教学资源的弹性扩展和高效存取，以满足快速变化的资源需求。物联网技术的引入则能提升校园硬件设施的智能管理水平，比如智能识别系统可自动跟踪和记录学生对各类教学资源的使用情况，为资源优化决策提供依据。

在实施个性化和智能化教学资源配置的过程中，高校还应强化教育决策支持系统的建设，将大数据分析和智能决策算法应用于教学管理的各个方面，从课程设置到教学评价，为高效率、科学化管理提供强有力的数据支撑。这种基于证据的管理模式有助于从根本上促进高等教育质量的提升，而非仅仅局限于学生满意度的简单追求。

智能化和个性化的教学资源配置系统的构建与实施，还需要依靠专业的教育人才队伍。不仅需要教师在信息技术应用和在线教学方面具备更专业的能力，还需要校方管理人员掌握数据分析、智能系统设计、云平台管理等关键技能，以保证系统的有效运营和持续优化。同时，高校应建立全员参与的文化，鼓励教师、学生、技术人员之间的协作和创新，共同推动教育管理模式向个性化、智能化方向发展。

实施个性化和智能化的教学资源配置策略，是高校教育管理在“互联网 +”时代适应发展潮流的客观需求。通过智能化技术对学生学习特征的精准分析，能够实现教学资源与学习需求的精确匹配，推动教育资源共享和优化配置，促进教育管理信息系统功能的完善和教育服务的深层次变革。

（三）强化基于数据驱动的教育决策支持系统

随着大数据技术的飞速发展，数据驱动逐渐成为教育决策支持系统的核心，尤其在“互联网 +”时代的高校教育管理模式中，基于数据驱动的决策支持系统（DSS）扮演着至关重要的角色。要实现教育决策的科学化、精确化，必须深度挖掘和充分利用大数据资源。高校在制定教学政策、优化课程结构、提升学生服务、完善管理流程等方面，都能够通过数据分析得到强有力的支撑和引导。

为了构建高效的教育决策支持系统，建议开发一套包括数据仓库（Data Warehouse）、在线分析处理（Online Analytical Processing，OLAP）和数据挖掘工具集（Data Mining Toolkit）的决策分析工具链。此工具链能够协助管理者对学生学习数据、教学活动记录和校园行为模式进行有效分析，为制定管理政策和教学策略提供数据支撑。

具体而言，数据仓库作为集成整理不同数据源的基础平台，可以统一管理学生档案、课程资源、教师表现和就业数据等多元信息。在线分析处理 OLAP 则可提供多维度的数据分析视角，通过数据立方体技术实现教育数据的快速钻取、切片、转动和汇总，辅助决策者深入了解教学资源的应用效果和学生学业表现的模式。此外，数据挖掘工具集可以识别隐藏在大量数据中的复杂模式和趋势，如通过关联规则学习发现不同课程间的相关性、通过聚类分析挖掘学生群体的学习特征，或利用预测模型来预测学生成绩和流失率。

应用场景的深化则是数据驱动教育决策支持系统的另一重要发展方向。例如，教育机构可以依靠高质量的数据决策系统优化课程设置，利用历史数据比对市场趋势，调整各专业课程规划以更好地适应市场需求。同样地，教学质量监控可以通过收集学生的反馈和成绩，动态监测教学活动的有效性，及时调整教学方法和内容。在学生就业指导方面，可利用校友职业发展数据和行业需求变化，提供实时的就业趋势分析和职业规划建议。而在校园安全预警系统中，通过分析学生行为数据和环境监测信息，可以及时发现潜在的安全风险，并采取预防措施。

为提高决策支持系统的实用性和准确性，将多源异构数据进行融合处理至关重要，包括结构化数据和非结构化数据。这要求教育管理信息系统应具备强大的数据整合处理能力，以便涵盖包括社交媒体分析、图像和视频内容识别在内的多种数据类型。同时，考虑到用户体验和系统可用性，决策支持系统应当配备简洁直观的用户界面和高度可视化的数据展示平台，确保教育管理人员即使缺乏深厚的数据科学背景，也能够轻松获取和理解数据分析结果。此外，系统应包含完善的用户授权和数据安全模块，确保教育数据在合规性和机密性两方面的严格管理。

随着“互联网 +”时代的到来，数据驱动的教育决策支持系统成为高校教育管理不可或缺的工具。只有通过精密的数据分析，才能够确保教育管理的每一项决策都建立在坚实的数据基础之上，从而指导高校在激烈的全球教育竞争中不断提升自身竞争力，培养出适应未来社会需求的高素质人才。

（四）探索网络教学与传统教学的深度融合

在“互联网 +”时代背景下，高等教育的教学模式正经历前所未有的发展与转型。网络教学与传统教学的深度融合已成为高校教育创新的重要部分，它不仅涉及教学内容与手段的更新，还要求教育者在教学理念与方法上进行根本性变革。网络教学如何与传统教学有效融合，已成为高校教育管理领域探讨的焦点问题。

在实施网络与传统教学融合的进程中，重视教学内容的网络化改造已成为一项基本功。通过将教材资源数字化，创建线上知识库，能有效拓展学生的学习边界，并配合多媒体工具提高课程吸引力。课程内容与网络平台的适配性成为提升教学效果的关键。对此，教学管理部门需评估和选择合适的数字教育资源，确保它们具有良好的互动性和易用性，以便学生和教师可以轻松地进行信息交换与知识构建。

教师在网络与传统教学融合中的角色亦需转变。教师不仅要担当知识传授者，更要成为学习引导者和问题解决者。为此，教师专业发展必须纳入高校发展战略的重要一环，通过开设在线教师培训和工作坊，并辅以实时的在线教学支持，不断更新教师的教学方法和技术应用能力。在高校教学文化的构建上，网络教学与传统教学的深度融合亦需考虑如何构建与时俱进的学习社区和学术共同体。这涉及打造富有互联网特色的学术研讨环境，鼓励学生和教师共同参与课程设计、教学评价及学术交流活动，从而营造积极的在线学习文化和开放的教学氛围。①

① 陆丽香：《“互联网 +”时代中小学体验教学变革研究》，西南大学，2019 年。

技术层面上，利用大数据分析技术持续跟踪学生学习过程，通过学习分析工具来指导教学策略的调整与优化十分关键。这其中，互联网技术在追踪学生学习行为、评估学习成效、预测学习动态方面展现出了极大的潜力和价值。以此为基础，可进一步建立个性化学习推荐系统，从而实现真正意义上个性化的教育路径规划。实践活动是高校教育的重要组成部分，网络与传统教学融合也应顺当地将线上理论教学与线下实践活动结合。这不仅能增强学生的实操作能力，还可以培养其解决实际问题的能力。通过虚拟实验室、远程控制实验设备等现代信息技术手段，可以在不受物理空间限制的条件下，有效地开展多种实验教学活动。

“互联网 +”时代的高校教育管理要实现网络教学与传统教学的深度融合，就必须对教育管理的各个环节进行系统性思考与整合。这不仅涉及教学内容与方式的创新，还包括教师角色的变化、学习文化的构建、教学评价机制的改进，以及实践活动的优化。只有通过这样综合性的努力，才能在“互联网 +”背景下，充分挖掘出高校教育潜在的革新能力，为学生提供更加丰富、高效、个性化的学习体验，从而培养能适应未来社会需求的高素质人才。

（五）增强学生线上互动与合作的管理策略

在“互联网 +”时代，高校教育管理不再局限于传统的线下互动，线上互动与合作日益成为增强学生成长经历的重要途径。为了应对这一变化，管理者需要策略性地增强学生线上互动与合作的环境。通过建立科学合理的线上互动平台，如搭建综合性的论坛和博客、虚拟班级以及在线学习社区，不仅能够拓宽学生之间交流的渠道，还能够提供多元化的学习方式。这些平台应支持丰富的观点表达和多样的团队互助形式，从而促进知识共享与创新能力的提升。

管理者在进行在线合作平台的构筑时，亦需考虑规范化的问题。由于网络环境天然具有开放性与不确定性，因此，确立一套既保障学生权益又不束缚创新活力的线上行为规则至关重要。线上行为规范的制定应充分考虑到知识产权保护、个人隐私安全以及公平互助的原则。通过这一过程不仅能够塑造良好的线上学习及互动文化，还有助于营造积极向上的教育环境。

项目合作空间的搭建是增强学生线上互动与合作的一项关键措施。依托于互联网工具的便捷性，学生可以就特定的主题或项目进行深入讨论与合作，提升处理复杂问题的能力。需要注意的是，在项目合作空间中，学生往往需要处理较为复杂的数据和信息，因此管理者需要提供有效的指导和技术支持，以提升学生的数据分析能力。同时，采用相应的教学分析工具，教师可以更精准地把握学生的学习进度和团队合作效率，进而为学生提供更有针对性的反馈和建议。

在线上互动与合作的管理策略中，教育管理人员应积极探索新的方式和方法，如利用大数据技术对学生的互动行为进行分析，这不仅有助于教师了解学生在线学习的行为模式，也可以为未来教学活动的规划提供参考。根据分析结果，管理者可以调整学生线上活动的设计，优化互动策略，使其更加符合学生的实际需求和喜好，进一步激发学生的参与热情和学习动力。

另外，鉴于当前信息技术与教育的深度融合，高校在优化线上互动与合作模式时，不应忽视教育的价值引导和人文关怀。教育管理者需要从教育理念、学生发展需求出发，综合利用互联网技术，增强学生之间的互联、互动与合作，最终实现个体成长与集体智慧的有效结合。

值得注意的是，优化高校线上教育管理模式，需要高校管理者、教师以及学生的共同努力，形成全方位、多层次的互动合作生态。管理者要倾听学生声音，理解他们的需求，提供个性化的支持服务；教师则需不断提高线上教学能力，引导和监督学生的在线行为；学生本身要学会利用网络资源、工具，提升自主学习和协作解决问题的能力。通过这些方式，可以逐步构建适应“互联网 +”时代的新型高校教育管理模式，最终形成教学相长、资源共享、合作互助的教育环境。

三、强化“互联网 +”高校教育管理平台的建设与应用

（一）研发高效的“互联网 +”教育管理平台

“互联网 +”时代的高校教育管理平台，作为现代教学生态中的重要支撑系统，其研发工作决定着教育资源的整合能力与服务教育教学的效率。为适应高等教育移动学习、个性化教学模式的发展要求，需要构建一个高效、安全且易于扩展的管理平台。该平台应依托于分布式体系结构，以提高数据处理的稳定性和系统的可靠性。模块化功能设计是基础，要求各个组件能够根据不同场景独立运行与协同作业，降低模块间的耦合度，以易于后期功能的迭代与扩展。

在平台搭建中，微服务框架须得到重视，为各功能模块之间提供轻量级、松耦合的通信机制，这有助于平台的灵活性和服务的多样化。多租户数据隔离则确保了不同用户组的数据独立性，保护学生和教师的隐私权利，符合教育信息化的安全要求。技术选型上，平台将广泛采纳市场验证的开源框架与工具，如 Kubernetes 等容器编排工具，确保资源的灵活调度与应用的高可用性。云原生理念的融入，强调了云计算资源的无缝整合与自动化运维，该理念在教育管理平台中的应用将极大提高教育管理的服务水平与教育资源的利用率。

综合教学流程与管理需求，平台需涵盖智能课堂管理、电子作业布置与批改、在线考试与评分、学习轨迹追踪等智慧教学环节。环境智能配套的建设，如智能教室和互动投影设备的铺设，将促使教师与学生之间的交流互动更加流畅和高效。智能化的学习管理系统不仅提升了学习工具和资源的可得

性，而且借助先进的数据分析技术，实现对学生学习效果的精准诊断与及时反馈。

在引入云计算和大数据技术服务高校教育管理的过程中，平台的云服务将能够处理教学活动中产生的大量数据，从而提供弹性的扩展存储空间和计算能力。同时，大数据分析的引入将揭示学生学习行为背后的模式，为教育决策提供数据驱动的支持，从而在宏观管理中优化资源配置，提升教育教学质量[①]。在线教育与评价系统的创新，则极大地方便了学习绩效的追踪与评估，形成了科学合理的评价指标体系。

运维流程的规范化建设，应通过故障自动诊断、定时备份恢复、性能实时监控，确保系统的高可用性和稳定性。安全保障措施也是架构中的重中之重，必须包含严密的访问权限控制、安全审计日志记录、通信数据的加密传输技术和定期进行的应急预案演练，以应对网络安全的潜在威胁。

架设高效的教育管理平台在“互联网 +”时代，不仅是一种技术创新，更是对教育的深远变革。它与教学的深度融合，将影响未来高等教育的发展方向，使高校能够利用信息化手段有效应对教育教学中出现的问题，提升教育服务的整体质量，最终构建出具有国际竞争力的高效智能教育体系。

（二）推广智慧教学环境的应用

随着互联网技术的快速发展，高校教育管理面临着前所未有的更新换代。智慧教学环境作为信息化教育的一个重要方向，其通过整合多种智能信息技术，提升了教学效果与体验度。当前高校应该认识到，推广智慧教学环境并非简单的技术应用，而是实现教学创新、深化教育改革的关键一环。本书基于高校教育管理信息化的理论框架，深入探索智慧教学环境在规划、实

① 王云霞：《新时代高校网络思想政治教育发展问题研究》，南京工业大学，2019 年。

施与管理中的应用策略，旨在为高校构建有效、高效、互联网融合的教学管理模式提供参考与借鉴。

智慧教学环境的搭建离不开先进的硬件支持，如互动智能白板、学生个性化智能终端、虚拟现实（VR）实验室，以及高清远程视讯设备等。这些智能教学硬件的整合运用，不仅使得学生能在互动中加深理解，还能够突破物理空间的限制，享受到全球优质教育资源。例如，虚拟实验室提供的模拟实验操作，使学生能够反复实验，加深实验过程和结果的理解，这正是传统实验室无法比拟的。同时，AI技术的运用能够实现个性化教学与及时反馈，诸如基于深度学习的学生行为分析系统，可以实时监测学生的学习状态，为老师提供决策支持，实现精准教学与辅导。

除此之外，智慧教学的环境布局也需遵循科学设计原则，以符合学习心理学及教育学的要求，创造出符合学习规律的教学空间。教室的布局应便于师生互动和学生之间的协作学习，同时要考虑到教学中数据的实时采集和分析，比如借助学生的操作数据优化教学过程和内容。智慧教学环境的建立还需要依托于健全的信息系统平台，这就要求教育管理者具备一定的信息技术管理能力和前瞻性视野。

在软件应用方面，学习管理系统（LMS）、学习分析系统及自适应学习系统等的综合应用，为学生提供了个性化的学习推荐服务，大大提高了学习的自主性和灵活性。例如，通过数据挖掘技术，分析学生学习行为及成绩数据，智能推送最适学习资源或建议，帮助学生构建符合自身能力发展的学习路径。[①]教育管理平台的建设还需强调对信息安全的重视。面对日益增加的网络安全威胁，构建包括加密技术、访问控制、安全审核机制在内的多层次安全防护体系，对预防和及时应对各种安全事件至关重要。通过多渠道的安

① 黄停停：《市场营销视角下体育网络课程的分析与策略研究》，东北石油大学，2019年。

全教育和实践，提高全校师生的信息安全意识和能力，避免教育信息系统受到破坏，保障高校教育管理的正常运行。

高校在推广智慧教学环境过程中，不仅要考虑硬件设施和软件资源的配备，还要注意到教室布局的优化、信息技术应用的融合及安全体系的完善。结合现代信息技术，逐步实现智慧教育环境在高等教育管理中的广泛应用，有助于提高教学质量，促进学生综合素质的提升，同时推进高校管理向着更加开放、效率和智能化的方向发展。

（三）引入云计算和大数据服务高校教育管理

云计算和大数据技术的融合应用已成为当下高校教育管理信息化的重要趋势。云计算以其超强的数据存储、处理能力和高度的弹性伸缩性，提供了一个可靠、安全、高效的服务平台，而大数据技术则赋予高校教育管理以前所未有的智能分析能力，共同推动教育管理走向精准化、智能化的新境界。

运用云计算服务，高校能够实现数据中心的虚拟化和资源的集中管理，从而节约设备成本，降低能耗，优化资源配置。云服务的弹性扩展及按需分配功能，为高峰时段的学习需求提供了稳定支持，保障了学习系统的高可用性。同时，教育管理中的大规模数据计算和存储需求得到满足，实现大数据量的高效处理和分析。

大数据技术的应用则为分析学生学习行为、优化教学资源、提升管理效率提供了强力工具。通过挖掘和分析学生学习数据，教育管理者能够准确掌握学生学习成效，针对不同学生群体设计个性化的教学改进方案和学业辅导计划。大数据分析有助于发现学生学习中潜在的困难和挑战，及时调整教学策略，提高教学的针对性和有效性。

而在管理层面，大数据分析能够为决策者提供基于数据的决策支持，增强决策的科学性和准确性。例如，通过对历年招生数据、就业数据的分析，高校能够更准确地预测未来教育市场的趋势，实现资源的优化配置。同样，大数据分析技术也能够帮助高校有效预测和分析学生流失率、毕业率等关键指标，为教育质量保障提供有力的数据支撑。

安全性也是高校教育管理信息化中不可忽视的重点。云计算平台往往配备更加严格的数据保护措施，确保了教育管理过程中敏感数据的安全性。同时，大数据技术的应用，可通过模式识别和异常检测，增强对网络攻击的防护能力，保障系统的稳定运行。[①]

与此同时，云计算和大数据服务的融入还推动了教育服务模式的创新。通过构建在云平台上的教育教学管理系统，高校不仅能够实现传统教育资源的云端化、共享化，也能够根据学生行为数据和学习成效，通过大数据分析及时调整和优化在线教育内容和形式。应用云端协作工具，教师与学生之间、学生与学生之间的交流合作跨越了时空限制，远程教育和在线学习模式得到了广泛应用，有效激发了学习动力和创新思维。

云计算与大数据服务在高校教育管理中的应用，不仅深化了信息化教育的内涵，也推动了教育资源的优化配置、教育质量的持续改进及学校管理的精细化水平。未来，随着技术的不断成熟和应用案例的累积，云计算和大数据将在高校教育管理中发挥更加关键的作用，成为高校转型升级的强力驱动器。

（四）创新在线教育与评价系统

“互联网 +”时代对高校教育管理的影响广泛且深刻，尤其是在在线教育与评价系统的实施方面。在构建这一系统时，不仅要注重技术的革新与应用，还需对课程内容、学习评价标准及反馈机制进行全面创新。评价系统应

① 端维真：《爱弥儿教育培训机构美术类培训项目的营销策略研究》，吉林大学，2020 年。

能够以科学的方式准确反映学生的学习过程和成果，同时也要能激励学生主动学习，通过处理大量教育数据来为教师提供教学决策支持。

在线教育系统把传统课堂延伸到互联网空间，以多样化的教学资源和交互方式促进了教与学的全新模式。系统中的课程学习模块不再局限于固定的教学大纲，而是包括了多媒体课件、互动仿真实验、视频教学、讨论板块等丰富内容，极大地丰富了教育资源并增强了学习的趣味性和实践性。同时，智能推荐算法能根据学生的学习习惯和效果，为其推荐个性化的学习资源，确保了每个学生都能获得最适合自己的教育方式。

以数据分析为基础的在线教育评价系统，可以通过收集和分析学生在学习过程中的数据，如登录频次、学习时长、作业完成情况、讨论参与度等，对学生的学习成效进行多维度、实时的评估。而成绩评价系统，则采用先进的数据分析方法和模型，不仅仅考量最终成果，更重视学习过程的表现。这种持续的、形成性的评价，可以立即发现问题，并及时给出相应的教育或学习策略调整。技能认证系统的建立，提高了学生技能的可量化评估，同时确保了评价系统的公正性和权威性。社会服务系统通过线上平台建立学生与社会各界的连接，评估他们解决实际问题的能力，并提供相应的实习、就业等机会。

在在线教育评价系统的创新上，还应重视学习深度指标和综合能力指标，它们能更准确地衡量学生的批判性思维、问题解决和创新实践等能力。同时，系统中还应融入学科竞赛指标和社会实践指标等多元评价方式，以激励学生主动参与学术研究和社会活动，增加其实践经验和提升应用能力。高校教育管理平台的建立和应用需要系统地融入创新科技，不仅提升了教育的效率和质量，也为学生的全面成长提供了坚实的支撑。通过创新在线教育与评价系统，可将学习过程数据化、透明化、智能化，并为教育决策提供科学依据，最终促进教育体系的持续优化和进步。

（五）建立完善的平台运维和安全保障体系

随着信息技术的飞速发展，高校教育管理平台建设与应用成为信息化教学手段创新的重要领域。在设计和建立高效的“互联网 +”高校教育管理平台时，必须将平台运维及安全保障体系摆在突出位置，以确保教学活动和管理流程的可靠性与稳定性。高校需要构建一个完整、多层次的平台运维和安全保障体系，这不仅涉及技术层面的架构设计，还包括管理层面的规章制度及法规遵循。

从技术层面讲，教育管理平台需采用分布式架构配以多级防护措施，包括但不限于边界防火墙、入侵检测与防御系统（IDS/IPS）、数据加密和访问控制列表（ACLs）。这些都是保障平台运行安全的基础配置。同时，高校应定期进行安全漏洞扫描与渗透测试，以发现并修补平台潜在的安全风险点。数据备份与恢复方案也不可忽视，它可以确保在发生严重系统故障时，关键教务数据和用户信息能够迅速恢复到正常状态。

在管理层面，高校应制定明确的平台运维流程，建立起包括系统监控、故障响应、变更管理和业务连续性规划在内的运维制度。运维团队需要通过实时监控系统性能，及时响应任何运行异常，确保高可用性和最优性能的持续供给。同时，高校需要确保运维人员拥有必要的专业技能，制定专业培训计划，并通过定期演练，提高其对突发事件的处理能力。

网络与信息安全政策也是高校“互联网 +”时代教育管理不可或缺的组成部分。依据《成人高等教育信息化教学手段的创新策略》和《互联网 + 视阈下高校学生管理工作的创新探究》，建议高校定期更新用户访问权限，采用角色基础访问控制（RBAC）并结合最小权限原则限制用户权限，减少因权限管理不当造成的内部安全问题。此外，还需加强法规合规性检查，确保平台运行与数据处理符合国家相关数据保护法规和知识产权保护条款。此举可以增加管理透明度，提高师生对平台的信任程度。

高校还应根据《探析互联网背景下高校教学管理信息化策略》中提到的理念，保障数据信息的安全性和隐私性。这包括建立安全的数据中心，采用先进的安全硬件设备与软件程序，以及加强对用户数据的加密与匿名化处理。信息安全意识培训不容忽视，高校应组织定期的网络安全教育和应急演练，提高师生对网络“钓鱼”、社会工程等信息安全威胁的认知和防范能力。同时，高校需建立健全网络及信息安全事件应急响应机制，一旦遭遇安全事件，能迅速有效地做出反应，最小化潜在损失。

在“互联网 +”时代，强化高校教育管理平台的建设与应用，必须以平台运维和安全保障体系为基石。通过技术创新与管理规范相结合的方式，高校方能在保障信息安全的基础上，实现教育资源的高效利用和教育服务的优质化。这不仅促进了教育本身的质量提升，对高校教育管理体制的现代化进程亦有着深远意义。

四、提升“互联网 +”时代高校教育管理人员的专业能力

（一）提升教育管理人员的“互联网 +”能力

为了适应“互联网 +”时代的快速发展，高校教育管理人员必须不断提升自身在信息技术应用、数据解析、在线教学支持、互联网营销推广等方面的能力。强化教育管理人员的“互联网 +”能力，是高校教育信息化管理转型的核心要素之一。教育管理人员应当具备较强的信息技术应用能力，以便运用现代信息技术高效地管理学生信息资源，提高学生档案、成绩、活动等多方面数据的整合和分析效率。加强数据解析能力的培养，也是管理人员面临的重要任务。随着教育大数据时代的来临，如何从庞大的数据海洋中提取有价值的信息，并转化为管理决策的依据，已成为教育管理的新挑战。

在线教学的支持能力也不容忽视。在“互联网 +”背景下，教学模式发生了革命性的变化，学生更加青睐自主、灵活的网络学习方式。管理人员应该对在线学习平台具有足够的理解与操作能力，能够指导学生利用网络资源，促进其自我学习能力的提升。此外，互联网营销推广能力在学生招募、教育资源共享、学校品牌建设中发挥着越来越重要的作用。教育管理人员应当掌握互联网营销的基本策略，利用社交媒体、线上广告等手段扩大学校的影响力。

高校应当着力构建适合教育管理人员的继续教育体系，通过设置在线研修班、网络远程培训、行业会议交流和企业实战演练等多种形式，确保管理人员能够及时更新其专业知识和技能。在实施培训内容时，应当包括最新的教育技术应用，如虚拟现实、区块链技术、大数据处理等，而对培训效果的评估则应基于技能掌握测试、岗位适应调研、团队合作评价等多维度来进行。

建立终身学习和持续发展的支持体系也至关重要。高校需要提供丰富的学习资源平台，如在线开放课程、电子图书馆、专业讲座直播等，从而能随时满足教育管理人员深化理论学习和拓宽视野的需求。同时，为管理人员规划职业发展道路，定期提供学术交流机会，以及配套的职称评审制度和成长成果展示平台，激励他们不断进步。

“互联网 +”时代高校教育管理人员不仅需要跨专业的知识背景，同时也要有开放的心态和创新的能力，积极参与到跨学科交流与合作中去。加强与产业界的沟通和合作，搭建跨校研讨小组，提供丰富的企业合作实习和国际交流项目，都能够大大拓展教育管理人员的视野和实践机会，提升他们在“互联网 +”时代有效进行教育管理的能力。通过多元人才培养计划，不仅能培育出具备高度专业知识的教育管理人员，也能够促进他们在国际舞台上的交流与合作，使其能够在全球教育管理领域中占据有利位置。

（二）开展“互联网 +”教育管理专业培训

在“互联网 +”时代，面对日益复杂多变的教育环境，高校教育管理人员的专业培训显得尤为迫切。专业培训不应仅仅局限于传统的教育理念与管理技能的传授，更应着眼于互联网技术与教育管理结合的前沿领域。基于此，专业培训需采用科学化、精准化和系统化的方法，确保教育管理人员能够在“互联网 +”时代发挥核心作用。

培训内容需全面涵盖“互联网 +”教育管理的核心技能和知识点。这包括但不限于互联网技术基础，如云计算的基本架构与应用、大数据分析技术，以及如何利用人工智能等技术提升教育质量和管理效率。例如，教育管理人员应掌握如何借助大数据分析来优化课程设计、预测学生行为，以及通过云计算提高教育资源的存储与处理能力。此外，对于新兴技术如区块链在治理学术诚信和保障教育数据安全中的应用也应成为培训内容之一。①

实际操作能力的培养是专业培训的关键。应增加实战模拟和案例分析，以强化理论知识与实际情境的结合。通过模拟的在线课堂管理情境，训练管理人员处理突发事件的能力；通过分析历史数据，教授他们如何识别和解决教育管理中的难题。教育管理信息系统的操作训练也必不可少，如学习管理系统（LMS）、学生信息系统（SIS）等软件的使用，确保教育管理人员能够有效操控并从数据中提取洞见。

针对教育管理决策，培训内容应当包含先进的数据分析方法，诸如学习分析和预测模型的建立，以支持基于证据的教育管理决策。此类技能的掌握使管理人员能够精准定位教育资源分配，优化教学和管理流程，提升学生的学习体验和学业成就。在线教学能力的提升亦是专业培训的重点。随着在线

① 王彬彬：《“互联网 +”时代下高校教育管理工作优化途径》，《山西青年》2020 年第 7 期。

教育的兴起，学习管理系统（LMS）的有效使用、网络课程内容的精准发布、学习进度的实时追踪与评估都是教育管理人员必须熟练掌握的技能。教育管理人员应该通过系统化的训练，提升课堂互动、虚拟实验室操作等在线教学环节的管理效能。

不仅如此，专业培训还需关注与国际教育管理趋势的对接。培训中引入国际前沿的教育技术和管理理念，如国际化在线课程共享平台的管理、多文化教育环境下的策略制定，以及跨国教育资源配置等，以提升管理人员的国际视野和跨文化沟通能力。这些能力对于高校在全球教育环境中保持竞争力至关重要。

为确保培训的实效性，必须建立严格的评估体系。采用模拟考核、项目作业和实际操作等多种形式，全面评估管理人员的学习效果。通过跟踪回访和岗位表现评估，确保培训成果能够在实际工作中得到应用和体现。

“互联网 +”时代的高校教育管理专业培训应当围绕核心技能的提升、实战能力的强化、在线教学能力的提升以及国际视野的拓宽四个方面设计培训内容和方法。通过系统化、实践导向的培训，为高校教育管理人员提供全面、深入的专业知识和技能，以确保他们能够在“互联网 +”时代的大潮中，承担起引领未来教育发展的重任。

（三）建立终身学习和持续发展的支持体系

在“互联网 +”时代，高校教育管理体系需不断优化以保持持续发展的活力和适应新兴变革的能力，且建立并维持一个有效的终身学习和持续发展的支持体系对于教育管理人员尤为关键。通过综合利用现代信息技术，高等学府能够为教职员工提供必要的学习资源，满足他们不断变化的专业发展需求，同时确立个人职业生涯中的里程碑。

一个全方位的支持体系着重于教育管理人员的成长和发展，须整合教学、科研、管理等多方面的资源和机会。构建在线开放课程平台，可以提供从基础知识到前沿技术的全景式学术资源供教育管理人员随时访问和自主学习。该平台涵盖的课程内容需经常更新，确保信息技术、数据分析以及网络教学等重要教育管理领域的最新进展能够实时传递，并且应当提供多语言版本，以拥抱国际视野和多文化交流。①

针对教育管理人员的职业发展规划，平台应与高校的核心战略相结合，定期对个体学习成效进行评估与认证，激励他们持续更新知识和技能。此外，对于成长成果的展示，平台应设置专门板块，记录并反映教职工不断进步的同时，增加他们的参与感和成就感。这对于提升教育管理团队的凝聚力和整体的工作满意度极为重要。

建立学术交流机制作为支持体系至关重要。通过搭建国内外学术会议网络，高校能够鼓励教育管理人员积极参与国际学术沙龙、线上研讨、行业会议等，这不仅促进理论与实践的交流，更有助于我国高校教育管理模式的国际化进程。并且实施交叉学科合作计划，鼓励教育管理人员与其他领域的专家进行项目合作和研究工作，进一步拓宽他们的视野和创新能力。②

高校还应在“互联网 +”平台上融入智能辅助功能，通过机器学习和人工智能算法辅助教育管理人员进行学习路径规划、课程推荐、成长追踪等活动。系统能够根据个人学习习惯和职业特点，提供个性化的学习建议，以便教职工在职业生涯的不同阶段都能获得适宜的支持和引导。

另外，还应强化数据分析功能，在全面量化评估个体学习成效的基础上，提供有针对性的发展建议，并据此调整教育管理培训策略。同时，高校须建立校内外教育管理人才资源池，以促进优秀人才的共享和合理流动，对提升

---

① 李文燕：《互联网背景下 TL 教育培训机构战略转型研究》，浙江工业大学，2020 年。

② 蒋松霖：《互联网 + 时代高校教育管理的变革发展》，《老字号品牌营销》2020 年第 7 期。

高校教育管理水平起到积极作用。

进一步地，本支持体系还应包括职称评审和认证程序，以确保教育管理人员的专业成长得到公正的评价。这有助于建立更加透明和事实清楚的绩效评估体系，进而鼓励高校内部形成以成果和效率为导向的积极竞争环境。通过互联网技术，高校可以实现对评审过程的优化，如在线提交材料、远程评审和即时反馈等，进一步提升评审效率和质量。

综上所述，“互联网 +”时代对高校教育管理人员提出了更高的专业技能和持续学习发展的要求。通过构建一个综合性的终身学习和持续发展支持体系，不仅能助力教育管理人员应对知识经济时代的挑战，更为推进我国高等教育事业的现代化和国际化贡献力量。

（四）促进教育管理人才的跨学科交流与合作

在当前教育管理人才的培养体系下，“互联网 +”时代对高校教育管理人才提出了全新要求。为实现高效的教育管理，不仅需要深化专业能力，更需加强跨学科的交流与合作。高校应着力构建交流合作平台，通过学术会议网络、跨校研讨小组、企业合作实习和国际交换项目等机制，为教育管理人才提供广阔的交流空间和实践平台。

学术会议网络成为推动交流的重要途径，它不但为研究者提供了分享最新研究成果的平台，同时也是教育管理人才挖掘跨学科合作机遇的场所。通过在线和离线相结合的学术交流会议，管理人员可以与信息科技、心理学、社会学等领域的专家进行深入对话，促使管理理论与实践的有机融合。此举也有助于引进新技术和新理论，使教育管理实践不断创新和优化。在此基础上，跨校研讨小组则进一步拓展了合作的深度与广度。通过定期组织的研讨活动，不同高校的教育管理人才能够集思广益，共同研讨面临的共性问题和差异挑战，提高管理决策的科学性和有效性。

企业合作实习项目则是理论与实践紧密结合的体现，通过与企业的合作，高校可以将最前沿的管理理论转化为实际操作经验。在这一过程中，学校和企业共同参与教育管理人才的培养和评价，既丰富了人才的实践经验，又优化了其职业素养，增强了灵活应对各种管理挑战的能力。另外，国际交换项目为教育管理人才提供了全球视野，通过国际合作与交换，管理人员可以体验不同教育体系的管理模式，学习国外先进的教育理念和技术应用，有利于提升国际化教育管理能力。

为实现上述目标，高校需要构建多元人才培养计划，结合产学研项目，推动多方面的资源整合和能力提升。这种综合培养模式有助于激发教育管理人员的创新潜能，提升其应对复杂问题的能力。与此同时，跨学科课题攻关和双师型教师队伍建设，将进一步强化师资队伍的专业背景和实践经验。通过交流与合作，形成一个互动共进、协同发展的教育管理人才培养新生态。

在培养机制的设计中，也需注意到个别教育管理人员可能会面临跨学科交流与合作的障碍。因此，高校要为其提供必要的协助和引导，包括跨学科沟通技巧培训和合作项目的前期准备工作，确保每位教育管理人员都能够在新的协作环境中游刃有余，并最终达到提升整体职业能力的目标。

“互联网 +”时代高校教育管理人员的专业能力提升，不仅要重视知识和技能的积累，更应注重跨学科交流与合作的促进。高校必须创造条件和平台，促进教育管理人才在更广阔的学术和实践领域中进行探索和成长，以促进教育管理工作的整体提升和创新发展。

第三节 “互联网 +”技术在高校教育管理中的创新应用探索

一、“互联网 +”技术的发展动态

随着互联网技术的蓬勃发展，特别是在“互联网 +”的大背景下，高校教育管理领域也迎来了前所未有的变革机遇。当前，互联网技术的新动态，不仅反映在其自身的技术迭代和应用范式更新上，更深刻地影响着高校教育管理的模式和效能。人工智能（AI）、大数据、云计算和物联网等技术的创新，正日益成为推动教育模式转型的关键因素。①

特别值得一提的是人工智能技术，它正在教育管理中扮演越来越重要的角色。在教学辅助和个性化学习领域，AI 技术已能提供学习习惯分析、知识点掌握评估以及个性化学习路径推荐等功能，促进管理者对教学过程和效果的精准理解和高效决策。此外，AI 在智能监控系统中的应用，如行为模

① 刘慧华：《基于“互联网 + 教育”的“微地理研学”过程管理模式研究》，江西师范大学，2021 年。

式识别，可以及时预警可能出现的安全风险，提升校园的安全管理水平。

在大数据领域，高校教育管理逐渐形成以数据驱动决策为核心的模式。此模式对传统教育管理中的数据收集、处理、分析及应用环节进行了革新，实现了从教育信息化向教育数据化的跨越。通过学生学习数据、教学活动记录、校园行为模式等方面的分析，可以为教育管理者提供更为科学的决策依据，促进校园治理的精细化和智慧化。

云计算作为一项提供弹性资源配置和高效服务的技术，正在教育管理中广泛应用于虚拟课堂建设、学习资源库构建和大规模在线评估系统中。其强大的计算和存储能力，为教育资源的优化配置和管理提供了强有力的技术支撑。与此同时，物联网技术将校园中的各种设备、设施通过网络互联，为校园运维管理提供实时数据，形成智能化的管理模式，提高了校园网络的运行效率和服务质量。

随着 5G、6G 技术的逐步推广，高校教育管理的网络基础设施得到了极大改善，无线网络的高速度、低延迟和大容量特点，为多媒体教学内容的快速传输和互动教学模式的实现提供了可能。此外，区块链技术在确保教育数据安全、维护学术诚信方面展现出潜在的价值，通过构建可信的数据交换和存储环境，为教育管理带来了新的信任机制。

“互联网 +”技术在高校教育管理中的创新应用，不仅体现在技术层面的发展和进步上，更重要的是其在教育管理理念、模式和手段上所引发的深刻变革。未来，高校教育管理需要不断探索技术与管理深度融合的新路径，积极利用“互联网 +”技术的最新成果，实现教育资源的优化配置、教育质量的持续提升和校园治理的智慧升级。通过这些创新应用，高校教育管理将更好地适应数字化时代的发展需求，培养适应未来社会的创新型人才。

二、“互联网＋”技术在高校教育管理中的创新应用

（一）引入人工智能辅助教学与管理

随着人工智能（AI）技术的突破与普及，高等教育管理领域亦迎来革命性的变革。AI技术的渗透，为高校教育管理提供了更加智能化、精准化的辅助工具，有效提高了教学质量和管理效率，对促进学生综合素质的全面提升具有重要意义。①

引入人工智能辅助教学与管理，其核心是利用AI在数据处理和模式识别方面的强大能力，升级现有的教学和管理流程。在教学方面，通过智能课堂行为分析系统，实时监控学生的学习状态和行为模式，对学生的学习投入度进行量化评估，及时发现学习困难和潜在的降低效率行为，从而采取个性化的辅导和干预措施，确保每位学生都能获得最适合的学习支持。此外，利用自然语言处理（NLP）等技术，开发智能答疑系统，在处理学生咨询请求和解答学术问题时，可大大减少教师重复性工作的负担，同时增进教师和学生间的互动和沟通。

在管理方面，AI技术的纳入极大提升了高校管理决策的科学性和合理性。通过大数据分析，高校可以对学生的学习成果、教师的教学效果、课程内容的合理性等进行深入挖掘和分析，有助于高校在课程设置、教学资源配置、教师激励机制等方面做出更精准的调整和优化。同时，AI辅助下的智能校园管理系统能自动处理日常行政任务，如学籍管理、选课系统、考勤跟踪等，显著提升行政工作效率，降低人力资源消耗。

① 刘宇：《“互联网＋”背景下大学生网络思想政治教育方法创新研究》，湖北工业大学，2019年。

当前已有多项研究表明，利用 AI 进行学生行为建模和趋势预测，能够合理预判学生的学业成绩和心理健康状态，提前做好风险干预，有效减少学生辍学和心理问题的发生。与此同时，基于 AI 的情感计算和学习分析，在提升学生情绪识别和互动质量方面显现出巨大潜力，有望在未来进一步促进师生间的高效沟通和深入互动。

然而，AI 辅助教学与管理的推广也面临诸多挑战，其中包括如何确保学生隐私安全、AI 系统的伦理使用标准制定、教师职能的转变与身份适应等问题。这些问题需要高校、教育研究者与政策制定者共同探讨与解决，以实现 AI 辅助教学与管理的长远可持续发展。

AI 技术在高校教育管理中的创新应用，不仅是技术本身创新的表现，更是高校教育管理理念与方法创新的重要体现。通过引入人工智能技术，已经并将继续在教学效率提升、学生成长优化以及管理决策科学化上发挥不可替代的作用。未来，随着 AI 技术的深入发展和应用场景的不断丰富，其在高校教育管理领域的应用将更加广泛和深入。

（二）利用大数据分析促进学生学习行为研究

在“互联网 +”时代背景下，高校教育管理的发展不可避免地需要紧跟技术进步的步伐，其中利用大数据分析促进学生学习行为研究是关键环节。大数据应用于教育领域，不仅能够揭示学生学习行为的内在模式和规律，还能够推动教育资源的合理分配和个性化教学的实现。综合应用大数据技术对学生学习行为进行精准分析和预测，对于提升教育信息化水平，实现教育资源优化配置，加强学生自主学习和教师教学行为的引导具有深远意义。

当前，大量的在线教学平台和教学管理系统积累了丰富的学习数据，包括但不限于学生在平台上的登录频率、学习时间分布、资源访问情况、作业提交和测验成绩等。这些数据经过恰当的收集与整合，力求能够构建全面的学生学习行为分析模型。在此基础上，应用机器学习和数据挖掘的算法，诸如关联规则学习、聚类分析和预测模型，在保障数据安全和隐私的前提下，挖掘数据背后潜在的学习行为模式和知识点掌握情况，为教育管理者和教师提供具有参考价值的信息，以帮助他们更好地理解和引导学生学习。

首先，通过建立学生学业成绩预测模型，可以借助历史表现和实时表现数据，预估学生的未来学业表现，提早发现可能出现学习困难的学生，从而及时进行干预和辅导。其次，学习资源利用率分析能够揭示学生对于各类学习资源的偏好和需求，以此优化教学资源的配置和更新周期。再次，社交网络影响力评估有助于识别课堂内外的学习社群，了解学生的社交互动对学习行为的影响。最后，个性化学习路径推荐算法则能够根据学生的学习能力、兴趣和目标，动态地提供定制化的学习计划和内容建议。

在此过程中，教育大数据分析需要综合运用多种统计学、心理学和教育学的理论与方法，构建科学严谨的分析框架和指标体系。此外，还需要关注对分析模型的解释性和透明度，保障分析过程的可解释性和公正性，避免出现算法偏见，确保教育公平。进一步地，分析结果的反馈应与教学实践紧密结合，通过在教学设计、资源分配、评价标准上的灵活应用，将冷冰冰的数据转化为温暖人心的教学服务。

“互联网 +”技术在高校教育管理中的创新应用不应局限于当前实践，还应不断追求技术最前沿的探索和应用。例如，人工智能助教和自适应学习系统的开发利用，为学生提供个性化的学习辅导和反馈；云计算和物联网技术的结合运用，可能将实验室、图书馆等校园资源虚拟化和智能化，极大地扩展教育资源的边界，并提升管理的效率和教学的互动性。

纵观当前教育科技的发展趋势，将大数据、云计算、人工智能等技术深度融入教育管理和教学实践，已成为推动高等教育创新发展的重要动力。大数据分析在此过程中占据着核心地位，对于优化教育管理、提升教学质量、促进学生个性化发展具有不容忽视的作用。未来，大数据分析将成为教育管理一个永恒的主题，同时也将为高校培养出更多适应社会需求的高素质人才提供有力支持。

（三）开发移动学习与即时反馈系统

随着移动技术的飞速发展与广泛应用，移动学习已成为教育技术领域的重要趋势，其具备时间与地点的灵活性，可大幅提升学习效率与参与度。移动学习及即时反馈系统的开发，因而成了“互联网+”时代高校教育管理创新应用的关键环节。在这一背景下，高校教育管理不断探索如何有效利用移动学习平台来强化教学、管理，并及时回应学生的学习需求和反馈。

“互联网+”时代的移动学习系统，不再是简单地将教学内容搬移到移动设备上，而是要构建一个跨平台、多渠道且高度互动的学习环境。这样的系统结合智能推荐算法，通过分析学生的学习行为、偏好和成绩数据，实现个性化的内容推送和学习路径定制。综合利用云计算、大数据分析等前沿技术，此类系统能够为学生提供量身定制的学习资源，从而提升学习体验和教学成效。

即时反馈系统则是移动学习的有力补充，它能够及时收集学生在学习过程中的疑惑、问题和反馈，为教师提供第一手的教育教学信息，同时也便于教师对学生的学习进展进行实时监控和指导。这一系统不仅改进了传统教学中反馈环节的滞后性和表面性问题，也提高了学生对学习活动的投入和参与感。

“互联网+”时代的移动学习与即时反馈系统的开发着重于整合各种教育技术，构建支持自适应学习的高效学习平台。其中，智能学习 APP 作为移动学习的核心工具，不仅嵌入了丰富的多媒体教学资源，还实现了教师与学生之间的实时交互与反馈。随着智能学习 APP 技术的进步，学生可以通过智能手机、平板电脑等移动终端，在任何时间和地点访问学习资源，完成作业、课程学习与测试，还能及时接收教师的反馈和指导。

课堂反馈收集系统是通过即时投票、问卷调查或在线讨论等形式，让学生对课堂内容和教学方式提出意见和评价。这不仅增强了教学的互动性，也为教育管理者提供了客观的数据支持，以便不断优化教学策略和提高教学质量。同时，即时反馈系统在实时性和时间敏感度上进行了大幅提升，可以在课堂教学的每个环节，包括教学开始前的准备阶段、教学过程中的互动环节，以及教学后的总结阶段，都能够提供有效反馈。

为了确保移动学习系统的有效性和安全性，系统设计中融入了先进的加密技术和身份验证机制，保障了数据传输和用户信息的安全性。通过自动同步技术，确保了学习资源的即时更新和可靠备份，防止了数据丢失的风险。移动学习及即时反馈系统在教育管理中的应用，必将为高校带来教学与管理效果的双重提升。随着相关技术的不断优化和学术研究的深入推进，未来这一领域有着巨大的发展潜力和广阔的应用前景。高校应把握这一发展机遇，积极探索和实践，以期构建一个高效、智能和高质量的教育教学新生态。

三、阐述“互联网 +”技术提升教育管理效率的案例

（一）利用区块链技术保障教育数据的透明与安全

在“互联网 +”时代，随着区块链技术的广泛应用，高校教育管理开始利用这一技术确保教育数据的透明性和安全性。区块链技术，以其分布式账本的特性，能够确保数据在教育过程中的不可篡改性和可追溯性，对于提升教育数据管理的效率和安全性具有重要意义。实施区块链技术，高校可以建立一套完整的数据安全防护体系，保障学生个人信息、学习成果、教学资源等数据的安全与透明，从而有效预防数据篡改和泄露事件的发生。

在具体应用上，部署区块链技术的高校教育管理系统可以通过加密算法和时间戳验证来记录每一笔数据交易和更新操作。例如，学生成绩记录、学籍管理甚至数字化成果的出版与认证都被逐一加密，并存储在区块链上。每个数据块通过密钥链串联起来，任何未经授权的访问或修改尝试都将被实时检测并拒绝，以确保数据的真实性和完整性。这种机制不仅大幅度降低了信息被非法修改的可能性，也为高校教育管理带来了全新的安全层级。

受到区块链技术影响的还有学历认证和学术成果认证过程。在这一领域，区块链技术的应用可确保学术成果和资格证书的真实性与有效性。无论是本校还是来自其他教育机构的学术证书，都可以注册到区块链上，随时供企业或其他教育机构查验。这种方式减少了学历造假的空间，提高了学术成果的可信任度，对维护教育公平和学术诚信具有重要作用。

区块链技术在教育数据透明化方面也表现出色。由于其结构的开放性，所有授权用户都可以验证数据块信息的真实性，而不需要中心化的核实机制。这有助于建立一个透明而又统一的教育数据管理平台，减少冗杂的管理环节，提高管理效率。由此，高校能够更好地管理学生数据，提供个性化教学和学习资源，同时也便于监管机构和相关利益相关者对教育质量进行监控，确保教育资源能够合理、公平地分配。

另外，利用区块链技术实现的智能合约，可以自动执行教育政策和规章制度，无须人工干预，从而有效避免人为错误并节省行政成本。智能合约一旦设定并加入区块链，执行条件被满足时即自动触发相关程序。如此，不仅使得教育管理流程标准化、自动化，也保证了政策执行的一致性与及时性。

区块链技术在高校教育管理中的应用，不仅仅是一种技术革新，也对高校教育模式的打造、教育资源的分配、数据安全的维护以及政策实施的标准化和透明化产生了革命性影响。未来，随着区块链技术的进一步发展和完善，其在高校教育管理中的作用将更加明显，成为提升教育管理效率不可或缺的技术支撑。

（二）使用云服务实现教学资源的高效管理与共享

“互联网+”技术正深刻变革着高校教育管理体系，其在提升教育管理效率方面的潜力不容小觑。通过使用云服务实现教学资源的高效管理与共享，高校能够有效提高信息的灵活性、可访问性与协同性，实现教学资源的最大化利用和优化配置。

教育云平台是此一变革的核心枢纽。在高校教育管理中，通过构建面向教学资源的云服务平台，实现了教育资源的集中统一管理。该平台允许教师、学生和管理人员实时访问、上传和共享教育内容，不受地理位置限制，响应教育资源共享的需求。例如，可通过教育云平台的分布式大数据管理系统存储和管理教学过程中产生的各类数据，配合统一的教育图谱进行管理，使得分散的资源得到了有效的整合与高效的利用。[①] 云平台的强大计算和存储能力，能够轻松应对海量数据的处理，为数据分析和知识发现提供了强大的技术支撑。

在高校中，大规模开放在线课程的引入已经成为普遍现象，它们通过与云服务的融合，使学生能够随时获取丰富多样的学习材料，并支持线上线下的无缝衔接。此外，基于云技术的虚拟实验室和模拟软件，解决了物理空间和设备限制的问题，允许学生在安全的环境中进行实验操作，显著提高了教学资源利用效率。

云服务还大幅增强了校际和国际学术合作。高校教育管理通过云服务平台建立合作网络，共享优质教学资源，促进了学科之间、学校之间乃至国际的资源互通与知识融合。例如，在执行国际合作项目时，中外教师和学生能

① 冷国财：《互联网背景下 A 公司教育产品营销策略研究》，吉林大学，2020 年。

够通过教育云平台共享课程材料、协作完成项目，提升了国际合作的质量和效率。云服务还极大地提高了教学资源管理的灵活性和响应速度。在云平台上，各类教育资源如课件、视频、教案等可实时更新和维护，减少了物理媒介的限制和更新延迟。教育管理人员可根据实际需求，迅速调配资源和优化资源配置，以满足不同专业、不同课程的需求，加速了教学资源更新与传播的周期。

通过大数据分析，高校可以更加精准地掌握学生学习情况，优化课程资源投放。结合学生成绩、学习行为、课堂互动等多源数据的分析，云平台可为教育管理者提供决策支持，指导教学资源的合理配置。进一步地，基于数据驱动的个性化推荐系统，可为学生定制学习路径，提升个体学习效率，实现了教育资源与学习需求的精准匹配。

任何技术的引入都会存在挑战。云服务在提升教育管理效率的同时，也带来了信息安全、隐私保护等一系列问题。因此，建设和应用教育云服务的同时，高校需加强对网络安全理念的培养，建立完善的数据安全防护体系，以确保教育信息安全无虞。"互联网 +"时代的教育管理战略需积极拥抱云服务，大力发展云计算、大数据等前沿技术的应用。通过优化资源配置、创新教学模式、提升教育质量和管理效率，助力高校教育不断向前发展。

（三）通过虚拟现实创造沉浸式学习体验

"互联网 +"技术在高校教育管理中的应用，已逐步从辅助工具转变为引领变革的核心动力。特别是通过虚拟现实（VR）技术，学校能够为学生创造出前所未有的沉浸式学习体验，这一点尤其体现在模拟实验教学与跨文化交流等领域。教育虚拟现实的实践表明，其独特的情景模拟与感官沉浸特性，能够有效促进学生知识的内化和技能的转移，提升了教育管理效率与教学成果的转化率。

在化学实验教学中，虚拟现实技术解决了传统实验室空间限制大且潜在危险性高的问题。通过构建三维化学实验室环境，学生可以在无须物理化合物与实验器材的情况下进行操作训练，降低了实验过程中的安全风险，同时提高了教学资源的利用效率。研究指出，使用虚拟现实模拟的实验操作，可显著提高学生对实验原理的理解和记忆，促进了理论学习与实践操作的有机结合。

虚拟现实在跨文化交流教学中的应用，为学生提供了高度真实的语言沟通场景。通过模拟不同文化背景下的真实情境，学习者可在母语环境之外进行语言实践，增强了语言学习的情境感和文化认知。实证研究表明，利用虚拟现实技术进行的语言教学，能够极大地提升学生的语言应用能力和跨文化沟通技能。

在高校的教育管理层面，虚拟现实技术提供的教学模拟环境和可视化数据，为管理者提供了实时监控学生学习状态和进度的可能，实现了对教学活动的智能化管理。管理者能够根据虚拟实验的实时数据分析，及时调整教学策略，从而优化课程设计、提供个性化学习建议，以及预测学习成果。智能化的数据监控系统也为实验室管理提供了高效率的决策支持，确保了资源的合理分配。

总体而言，虚拟现实技术的引入，不仅在教育教学层面发挥了显著的促进作用，更在高等教育管理领域成了一个不可忽视的创新工具。未来，随着虚拟现实技术的进步，结合大数据分析与人工智能、利用高级仿真和用户行为追踪技术，“互联网 +”高校教育管理将获得更广泛的应用前景，提供更加丰富的教学模式和管理手段，从而有效提升教育管理的整体效能和质量。

（四）部署物联网技术优化校园安全与设施管理

“互联网 +”时代所带来的革命性变化不但涉及教学方法和学生管理，也极大地改善了高校的设施管理和安全防护体系。物联网（IoT）作为“互联网+”技术的一个重要分支，通过部署智能传感器、人工智能算法和大数据分析技术，为高校带来了设施管理和安全防护的新模式。尤其在优化校园安全与设施管理方面，物联网技术已经被证明是提升效率和响应能力的重要工具。

在安全管理方面，物联网技术能够通过部署无处不在的传感器网络实现校园环境的实时监控。这些传感器可以监测校园中的各种参数，如温度、湿度、烟雾等，并将数据传输到云计算平台进行实时分析。通过实施智能视频监控系统，结合人脸识别和行为分析技术，高校可以实现对校园内异常行为的即时识别和报警。此外，物联网技术还可以与学生身份信息系统相结合，以确保只有授权人员才能进入特定的区域，进一步提升校园安全水平。

在设施管理方面，物联网技术的应用同样表现出色。通过智能传感器收集的数据可以用于优化校园内部的能源使用，比如根据学生在教室的实际人数自动调整照明和温控系统的运行。同时，物联网技术还可以对校园设施进行健康监测，实现预测性维护，从而极大减少突发性故障发生的可能性，为学校节省了大量的维护成本。

具体实施中，高校可通过部署低功耗广域网络（LPWAN）技术确保传感器网络的低成本和长距离连接。通过运用边缘计算技术，分析过程可以在数据生成的地点即时进行，这样能够降低数据传输带来的延迟，并提升系统的反应速度。同时，物联网平台必须设计成可扩展的以支持日益增长的设备数量，并确保跨系统的兼容性与互操作性。

然而，物联网技术的部署也带来了信息安全与隐私保护的新挑战。为此，必须构建强有力的网络安全防护措施，如利用区块链技术保护数据交换的完整性和安全性，实施先进的加密技术保障用户隐私不被泄露，同时，开展针对学生、教职工的信息安全意识培训，提升校园整体的安全防范意识和能力。[①]

物联网技术优化校园安全与设施管理，在高校教育管理中具有标杆性的意义。对于高校来说，物联网不仅是技术上的改革，也代表着一种管理上的革新。它提供了更有效、更智能的管理方式，通过技术手段深入校园生活的各个层面，无疑将为高校带来更加安全、高效、智慧的教育环境。未来，物联网与云计算、人工智能等其他“互联网 +”技术相结合的应用，将会成为高校教育管理进一步创新发展的关键所在。

① 刘月：《高校网络舆情的管理研究——以中国矿业大学为例》，中国矿业大学，2019 年。

参考文献

[1] 陈桂香:《大数据对我国地方高校学生教育管理的影响及对策研究》,武汉大学硕士论文,2017 年。

[2] 赵君:《新时期我国高校思想政治教育管理队伍建设研究》,华中师范大学硕士论文,2008 年。

[3] 张天文:《新时期我国高校思想政治教育管理队伍建设研究体会》,《现代经济信息》2018 年第 20 期。

[4] 柏禹:《我国高校思想政治教育管理问题研究》,辽宁师范大学硕士论文,2011 年。

[5] 陈玉真:《基于新课标的数学课堂教学改革探析》,《成才之路》2024 年第 4 期。

[6] 杨银付:《“互联网+教育”带来的教育变迁与政策响应》,《教育研究》2016 年第 6 期。

[7] 石耀清:《高校数学教学模式创新与实践研究》,《2023 年教学方法创新与实践科研学术探究论文集》(四),2023 年 2 月 15 日。

[8] 秦虹、张武升:《"互联网 + 教育"的本质特点与发展趋向》,《教育研究》2016 年第 6 期。

[9] 林雨、袁莉:《"互联网 +"背景下地方本科院校学生教育管理新模式的构建》,《衡阳师范学院学报》2020 年第 2 期。

[10] 张岩:《"互联网 + 教育"理念及模式探析》,《中国高教研究》2016 年第 2 期。

[11] 谭正:《高校教育教学管理的观念变革和实践创新》,《科教文汇(中旬刊)》2018 年第 35 期。

[12] 金晶:《高校管理能力建设的挑战与应对》,《大学》2021 年第 34 期。

[13] 王宇:《大学教育管理模式在新形势下的创新》,《科幻画报》2019 年第 9 期。

[14] 王猛:《大数据环境下高校教育管理信息化的创新与发展》,《就业与保障》2020 年第 23 期。

[15] 王欢:《教育信息化促进高校创新型人才培养研究》,《内蒙古师范大学学报》(教育科学版)2017 年第 11 期。

[16] 顾育:《"互联网 +"视阈下高校学生管理工作的创新探讨》,《湖北开放职业学院学报》2019 年第 24 期。

[17] 方园:《探析"互联网 +"在辽宁省高校教育中的应用及影响》,《渤海大学学报》(哲学社会科学版)2019 年第 5 期。

[18] 张亚红:《高校教学管理信息化建设推动教育信息化发展的研究》,《现代职业教育》2023 年第 24 期。

[19] 员艳苓:《大学教育管理模式的创新探析》,《课程教育研究》2015 年第 28 期。

[20] 李津:《"互联网 +"驱动下的高校远程教育模式研究》,《中国成人教育》2018 年第 21 期。

[21] 赵文静：《“线上教学 +”背景下大学英语课程思政教学实践》，《校园英语》2023 年第 49 期。

[22] 张婧雅：《数字赋能视角下企业内部控制体系优化研究》，《营销界》2023 年第 3 期。

[23] 张将：《高校管理信息化问题与对策研究》，山东大学硕士论文，2021 年。

[24] 尹国才、高虎子、张文等：《地方高校教学管理信息化建设中存在的问题及对策研究》，《北华航天工业学院学报》2018 年第 6 期。

[25]赵东：《高校信息化管理问题分析与对策》，《文教资料》2017 年第 5 期。

[26] 贺小芹：《“互联网 +”时代高校毕业生档案的现代化管理策略》，《兰台内外》2022 年第 2 期。

[27] 王颖：《利用信息化手段为依托创新高校毕业生档案管理的方法》，《科技资讯》2021 年第 25 期。

[28] 温晓丽：《互联网背景下现代医院档案管理改革策略和模式创新》，《科技风》2022 年第 1 期。

[29] 雷霆、黄亚宁：《“平台 + 模式 + 环节”本科人才培养体系研究——以新疆大学 × 学院为例》，《新疆开放大学学报》2021 年第 3 期。

[30] 周浩、肖菲：《面向人工智能时代的高校创新型人才培养》，《党政干部论坛》2023 年第 9 期。

[31] 侯丽华、李含：《人工智能技术推动高校人才培养的改革模式》，《黑龙江科学》2020 年第 7 期。

[32] 李广平、陈武元：《人工智能背景下我国高校人才培养变革的有效思路》，《中国高等教育》2020 年第 11 期。

[33] 毕丹：《新时代“智慧党建”视角下高校党员经常性教育的机制探

讨》,《上海党史与党建》2020 年第 7 期。

[34] 熊光清:《习近平网络社会治理思想研究》,《社会科学家》2017 年第 12 期。

[35] 冯荣:《为“互联网 + 党建”插上创新的翅膀》,《人民论坛》2018 年第 9 期。

[36] 梁金枝:《以“两学一做”学习教育为契机从严开展党员教育——以兵团第二师为例》,《兵团党校学报》2017 年第 2 期。

[37] 俞燕:《“互联网 +”背景下高校学生党建工作的实践探索——以大理大学为例》,《大理大学学报》2019 年第 7 期。

[38] 陈宇嵚、蒋英:《高校智慧党建平台构建及优化策略研究——以江苏省某样板支部培育单位为例》,《华东科技》2023 年第 9 期。

[39] 符恒:《“双创”背景下高校智慧党建与思政教育一体化创新路径研究》,《陕西教育(高教)》2023 年第 11 期。

[40] 王建专:《高校智慧党建一体化平台设计与研究——以云南国防工业职业技术学院为例》,《云南开放大学学报》2023 年第 1 期。

[41] 解海燕:《“互联网 +”时代高校智慧党建理论模型构建及路径探索》,《活力》2023 年第 5 期。

[42] 叶祖斌:《基于人工智能技术下高校智慧党建的创新源泉发掘》,《数字技术与应用》2023 年第 11 期。

[43] 殷洁:《分层教学法在高中数学教学中的应用》,《第九届创新教育学术会议论文集——教学实践篇》2023 年第 11 期。

[44] 高哲、李亚:《“互联网 +”背景下高校创新创业教育课程体系改革研究》,《佳木斯职业学院学报》2024 年第 2 期。

[45] 沈金科:《高校教学管理信息化建设的现状与发展趋势》,《文存阅刊》2021 年第 1 期。

[46] 吴华:《高校教学管理信息化建设探索》,《科教导刊》2020 年第 35 期。

[47] 毕超:《高校信息化管理系统的设计及实现》,《电子技术与软件工程》2017 年第 2 期。

[48] 吕波:《"互联网 +"时代高校法学教育的应对》,《黑龙江高教研究》2017 年第 11 期。

[49] 龙建斌:《高校教学管理信息化研究》,《信息通信》2017 年第 10 期。

[50] 张长江:《互联网技术在化工专业学生管理工作中的应用——评〈互联网背景下高校学生管理模式创新研究〉》,《塑料工业》2021 年第 1 期。

[51] 杨银付:《"互联网 + 教育"带来的教育变迁与政策响应》,《教育研究》2016 年第 6 期。

[52] 李津:《"互联网 +"驱动下的高校远程教育模式研究》,《中国成人教育》2018 年第 21 期。

[53] 陈桂娟、毕凤琴:《浅议高校全面推行"互联网 + 教育"的利与弊》,《中国校外教育(下旬刊)》2017 年第 27 期。

[54] 许世华、曹军、曾友:《高等教育信息化建设的实践途径探索》,《中国管理信息化》2023 年第 2 期。

[55] 邵冬基:《高校教学运行的信息化管理》,《现代职业教育》2019 年第 33 期。

[56] 狄成杰、强敏、王兆龙:《基于"互联网 +"的高等教育创新创业人才培养模式研究》,《重庆科技学院学报》(社会科学版)2016 年第 10 期。

[57] 韦敏妮:《"互联网 +"背景下智慧校园教育信息化建设探究》,《小学教学参考》2021 年第 36 期。

[58] 茹艺:《互联网 + 时代高校图书馆管理与服务的创新》,《才智》2019 年第 27 期。

[59] 杜斐:《高校学生管理信息化现状及重构研究》,《漯河职业技术学院学报》2015 年第 5 期。

[60] 刘刚、宋田田:《“互联网 +”时代高等职业教育发展趋势刍议》,《太原城市职业技术学院学报》2019 年第 5 期。

[61] 李志鸿:《“互联网 +”背景下大学教学文化探析》,《西南交通大学学报》(社会科学版)2018 年第 1 期。

[62] 林世员、陈丽、赵宏、张文梅:《高校网络教育发展脉络与阶段特征》,《中国远程教育》(综合版)2021 年第 2 期。

[63] 孙鑫:《探析互联网背景下高校教学管理信息化策略》,《现代职业教育》2019 年第 34 期。

[64] 李文高、郑会芝:《“互联网”背景下的高校课堂教学问题及策略研究》,《高教学刊》2016 年第 2 期。

[65] 程乙聆:《信息时代教育管理发展趋势与策略研究》,《中国管理信息化》2017 年第 2 期。

[66] 梁婷婷:《“互联网 +”视阈下高校学生管理工作的创新探究》,《中国新通信》2022 年第 15 期。

[67] 梁伟雄:《高校教育管理信息化现状与优化策略分析》,《高教学刊》2020 年第 14 期。

[68] 雷田甜:《大学教育管理模式的构建研究》,《科教导刊》2020 年第 22 期。

[69] 李文高、郑会芝:《“互联网”背景下的高校课堂教学问题及策略研究》,《高教学刊》2016 年第 2 期。

[70] 王娟:《互联网时代高校教育管理改革实践探究——评〈移动互联网时代高校教育管理模式改革与实践研究〉》,《中国教育学刊》2022 年第 9 期。

[71] 水君飞:《“互联网 +”背景下高校教育管理模式的变革与创新》,《中

国多媒体与网络教学学报（上旬刊）》2023 年第 5 期。

[72] 钟小燕：《中国地市级妇幼保健机构“互联网 + 妇幼健康”应用状况调查分析》，中国疾病预防控制中心，2019 年。

[73] 何剑：《“互联网 +”背景下湖南高校篮球信息化教学研究》，吉首大学硕士论文，2019 年。

[74] 张馨予：《“互联网 +”大学生思想政治教育的路径建构研究》，东北师范大学，2019 年。

[75] 邱兴波、武亮、冯国艳：《基于“互联网 +”的高校教育管理协同创新研究》，《中国教育信息化》2019 年第 17 期。

[76] 李斐：《基于 Dubbo 的高校贫困生资助系统设计与实现》，《电子世界》2020 年第 9 期。

[77] 俞小敏：《“互联网 +”时代下高校教育管理工作优化途径》，《科技创新导报》2020 年第 8 期。

[78] 王洋百慧：《微信在高中写作教学中的应用策略探究》，陕西师范大学硕士论文，2019 年。

[79] 陈婷婷：《“互联网 +”背景下高校教育管理模式的改革研究》，《科技风》2023 年第 33 期。

[80] 时长江：《高校学生社区教育管理模式的构建》，《高等工程教育研究》2004 年第 5 期。

[81] 张晨：《“互联网 +”背景下论高校新型教学形态的改革与创新》，《山西青年》2021 年第 2 期。

[82] 陈洪连：《成人高等教育信息化教学手段的创新策略》，《职教论坛》2013 年第 3 期。

[83] Qu Lihong. “The Development Strategy of Circulation Service of University Libraries in the Era of ‘Internet Plus’”, *Journal of Anshan Normal*

University, 2019(4).

[84] 马苏梅:《高校电子竞技运动与管理专业人才培养现状及优化策略研究》，中北大学硕士论文，2022 年。

[85] 杨雪梅:《互联网 + 时代高校思想政治教育管理创新探析》,《中学政治教学参考》2019 年第 16 期。

[86] H Jin, “Sharing, Integration and Leading: Development Strategy of College New Media in the Era of Intelligent Media” , *Theory & Practice of Contemporary Education,* 2019(02).

[87] 薛焕宸:《“互联网 +”理念在河北省高校图书馆应用调查研究》，河北大学硕士论文，2018 年。

[88] 顾祝文:《“互联网 +”时代高校教学管理工作的新问题与对策》,《产业与科技论坛》2021 年第 17 期。

[89] 陆丽香:《“互联网 +”时代中小学体验教学变革研究》，西南大学硕士论文，2019 年。

[90] 王云霞:《新时代高校网络思想政治教育发展问题研究》，南京工业大学硕士论文，2019 年。

[91] 黄停停:《市场营销视角下体育网络课程的分析与策略研究》，东北石油大学硕士论文，2019 年。

[92] 端维真:《爱弥儿教育培训机构美术类培训项目的营销策略研究》，吉林大学硕士论文，2020 年。

[93] 王彬彬:《“互联网 +”时代下高校教育管理工作优化途径》,《山西青年》2020 年第 7 期。

[94] 李文焘:《互联网背景下 TL 教育培训机构战略转型研究》，浙江工业大学硕士论文，2020 年。

[95] 蒋松霖:《互联网 + 时代高校教育管理的变革发展》,《老字号品牌营

销》2020 年第 7 期。

[96] 刘慧华:《基于“互联网 + 教育”的“微地理研学”过程管理模式研究》，江西师范大学硕士论文，2021 年。

[97] 刘宇:《“互联网 +”背景下大学生网络思想政治教育方法创新研究》，湖北工业大学硕士论文，2019 年。

[98] 冷国财:《互联网背景下 A 公司教育产品营销策略研究》，吉林大学，2020 年。

[99] 刘月:《高校网络舆情的管理研究——以中国矿业大学为例》，中国矿业大学硕士论文，2019 年。

附　录：

沈阳地区高校学生教育管理状况调查问卷

亲爱的同学，您好！

感激您能抽出宝贵时间来参与我们的研究工作！目前，我们正在开展一项关于互联网在大学生教育管理中的应用的调查。为了更深入地了解互联网在大学生中的使用、认知和实施效果，以及在“互联网 +”背景下高校教育管理中存在的问题，我们制定了一份简洁的问卷，预计完成时间大约为 2 分钟。

请您细致地阅读下列问题，并根据您最真诚的观点来填写相应的选项。我们向您保证，您提供的资料仅限于本次研究，不会被用于任何商业用途。这次调查将会以匿名的方式展开，您的私人资料也将得到妥善的保护，感谢您的积极参与和持续支持！

第一部分：基础资料

1. 关于您的性别：（　　）

A. 男　　B. 女

2. 您目前的年级是:(　　)

A. 大一　　B. 大二　　C. 大三　　D. 大四

E. 研究生或更高级别

3. 您所学的专业是:(　　)

A. 文学　　B. 法律　　C. 经济学　　D. 管理学

E. 理工类　　F. 新闻学　　G. 绘画　　H. 动画

I. 平面设计　　J. 摄影　　K. 服装　　L. 数字传媒

M. 编辑出版　　N. 其他

4. 您所就读的大学是:(　　)

A. 沈阳城市学院　　B. 辽宁传媒学院　　C. 鲁迅美术学院

第二部分:沈阳大学生的互联网使用状况调研

1. 您上网的频次是怎样的?(　　)

A. 频率极高　　B. 频率相对较高

C. 偶尔使用　　D. 一般频率

2. 您的平均每日上网时长为?(　　)

A.1~2 小时　　B .2~5 小时

C.5~8 小时　　D. 超过 8 小时

3. 您上网主要是什么目的?(　　)(多选)

A. 增长见闻　　B. 消磨时光

C. 社交需求　　D. 学习或工作的需要

E. 缓解压力　　F. 娱乐　　G. 其他

4. 在您的日常生活中,您对互联网的依赖度如何呢?(　　)

A. 只为娱乐和放松　　B. 大多出于学习的需要

C. 具有一定程度的心理依存性　　　　D. 相当沉湎的状态

第三部分：沈阳高校学生在教育管理中“互联网+”的实际应用状况

1. 请问您所服务的高校是否曾经开展过基于互联网平台的教育管理项目？（　　）

A. 是　　　　B. 不清楚　　　　C. 没有

2. 请问您所在的高校目前的教育管理模式是哪一种？（　　）

A. 灌输式的教学方法，是教师将自己的知识直接传递给学生

B. 启发式的教学方法（教师鼓励学生进行思考，并指导他们去思考和探索知识）

C. 新行为主义的教育方法，主要依赖于科技与程序设计来进行授课

D. 人本主义的教育方法，强调学生的自主性和主动性

3. 您接受以下哪种高校的教育方法？（　　）（多选）

A. 按照教学大纲和教材进行的传统方式

B. 独立地阅读教科书和课外读物

C. 参与课外的学术研究和社会实践活动

D. 参与教师与学生在网络平台上的交互式教学活动

E. 选择在网络上进行自我学习

F. 采用结合传统课堂与在线互动的教育方法

4. 您现在更倾向于选择以下哪种途径来获取相关的信息和学习资料？（　　）

A. 课堂的授课方式

B. 学校的讲座以及专门的培训课程

C. 学校的微信、微博和校园网络服务

D. 学校的宣传板

5. 您是否赞成学校通过互联网来加强对大学生的教育管理呢？（　　）

A. 非常支持　　B. 不太支持　　C. 不支持

6. 您对互联网在教育管理方面的应用有多深的了解？（　　）

A. 非常了解　　B. 一般了解　　C. 几乎为零

第四部分：对沈阳高校学生教育管理中存在的问题进行调查

1. 您对学校的校园网络和其他公共资源的更新状况有何看法？（　　）

A. 更新及时　　B. 更新周期相对较长

C. 没有更新　　D. 更新速度较慢

2.在您看来，您所在的学校在当前的教育管理方面存在哪些具体问题？（　　）（多选）

A. 教育管理团队的专业素养仍需进一步加强

B. 传统教学方式依然是主流

C. 创造性不足，导致学生的参与度相对较低

D. 学生容易受到不良的影响

E. 缺少有针对性的管理措施

F. 互联网平台在管理和监管方面存在不足

3. 关于目前的学校教育课程，您的观点是什么？（　　）（多选）

A. 并没有超越传统的教育方式

B. 课程呈现出碎片化的特点

C. 课程的吸引力显然不够

D. 在线的课程品质仍需进一步提高

4. 您所在的学校是否已经设立了与家长交流的相关流程？（　　）

A. 有　　　　B. 没有　　　　C. 不清楚

第五部分：探讨“互联网 +”在高校中对学生教育管理模式的未来发展趋势

1. 在“互联网 +”的大背景之下，您觉得高校在学生教育管理方面有哪些具体贡献？（　　）（多选）

A. 增加了学生获取知识的途径

B. 灵活方式更容易吸引人

C. 促进学生与教师之间的交流与互动

D. 对我们的学习和日常生活产生了正面的作用

2. 在“互联网 +”的大背景下，您认为高校在学生教育管理方面具有哪些明显的优势？（　　）（多选）

A. 可以在任何时间、任何地点获得

B. 内容丰富多样

C. 可以多次查看的

D. 具有很高的选择性

E. 资源共享

3. 在您看来，推动“互联网 +”在高校中的学生教育管理是必要的吗？（　　）

A. 非常必要　　　　B. 一般　　　　C. 没有这个必要

4. 在“互联网 +”高校的学生教育管理模式中，您获得的最大益处是什么？（　　）（多选）

A. 在获取学习资源方面表现得更为便捷

B. 对于自主学习是有益的

C. 突破了时间与空间的束缚

D. 展示了多种多样的交互模式

5. 在您看来，“互联网 +”下的地方高校学生教育管理具体指的是什么？（　　）（多选）

A. 采用信息科技与网络平台来进行教育的管理工作

B. 利用互联网的独特属性来实现平等的互动交流

C. 利用大数据的分析来推动教育的创新

D. 致力于将互联网技术与传统的教育方式相融合，以实现教育创新